Erläuterungen und Dokumente

Gottfried Keller
Kleider machen Leute

HERAUSGEGEBEN VON
ROLF SELBMANN

PHILIPP RECLAM JUN. STUTTGART

Gottfried Kellers Novelle »Kleider machen Leute« liegt unter Nr. 7470 in Reclams Universal-Bibliothek vor. Die Seiten- und Zeilenangaben in den Erläuterungen beziehen sich auf diese Ausgabe.

Universal-Bibliothek Nr. 8165 [2]

Bibliographisch ergänzte Ausgabe 1990
Gesamtherstellung: Reclam, Ditzingen. Printed in Germany 1990

ISBN 3-15-008165-3

Inhalt

I. Wort- und Sacherklärungen

1 [Titel] *Kleider machen Leute:* Der Titel nimmt eine zum Sprichwort gewordene moralische Verhaltensregel aus der »Institutio oratoria« (VIII,5) des römischen Rhetorikers Quintilian (35–96 n. Chr.) auf: »vestis virum reddit«. Andere Erzählungen des Zyklus »Die Leute von Seldwyla« haben ebenfalls diesen moralisierend-sentenzenhaften Titel, so z. B. die Novelle »Der Schmied seines Glückes«.

1 [Gattungsbezeichnung] *Novelle:* Der Begriff der *Novelle* ist hier nur als vage gattungstypologische Charakterisierung zu verstehen. Im Kellerschen Selbstverständnis werden ›Erzählung‹ und ›Novelle‹ fast gleichwertig gebraucht. Am ehesten ist in diesem Fall an Goethes Definition zu denken, der »Novelle« als »eine sich ereignete unerhörte Begebenheit« verstand (Gespräch mit Eckermann, 25. 1. 1827).

3,2 *armes Schneiderlein:* Adjektiv und Diminutivform weisen – als erster versteckter Erzählerkommentar – sowohl auf die ökonomische Ausgangslage des Helden hin als auch auf ein märchenhaftes Element der Erzählung (vgl. etwa die Grimmschen Märchen »Das tapfere Schneiderlein«, KHM 20, und »Vom klugen Schneiderlein«, KHM 114).

3,2 f. *auf der Landstraße:* Der Erzähleinsatz auf der Landstraße z w i s c h e n Goldach und Seldwyla ist insofern signifikant, als sämtliche Handlungshöhepunkte der Novelle in diesem Raum zwischen beiden Orten stattfinden. Dort liegt *das Gut des Amtsrates* (15,6 f.), dort erfriert der Held beinahe (vgl. 40,12–32) und wird von Nettchen gerettet (vgl. 43,11–44,10). Der *Bauernhof* (44,26), auf dem die entscheidende Aussprache stattfindet, ist ebenso dort gelegen wie der Gasthof, in dem der Held entlarvt wird: *genau in der Mitte zwischen Goldach und Seldwyla* (31,19 f.). Die Schlußauflösung der Novelle pendelt schließlich zwischen Goldach und Seldwyla hin und her, während der in Seldwyla reich gewordene Strapinski am Ende nach Goldach übersiedelt.

3,3 *Goldach:* wie *Seldwyla* (vgl. Anm. zu 3,4) eine sprechende Ortsbezeichnung dieser *kleinen, reichen Stadt* (3,3); *-ach:* von mhd. »ahe« ›Fluß‹, häufig in Flußnamen und danach benannten Ortschaften. Die Beziehung von *Goldach* und *Seldwyla* ist – auch hinsichtlich ihrer Größe und Entfernung – vielleicht vor dem realgeschichtlichen Hintergrund der Rivalitäten zwischen Zürich und Winterthur zu sehen (vgl. dazu Kap. III,2).

3,4 *Seldwyla:* abgeleitet von mhd. »saelde« ›Glück, Seligkeit‹ und »wîle« ›Zeit, Zeitraum‹, wobei der zweite Wortteil an reale Schweizer Ortsnamen angepaßt ist. Seldwyla ist das fiktive, titelgebende Zentrum für den gesamten Novellenzyklus »Die Leute von Seldwyla«. In der Vorrede zum ersten Teil des Zyklus erläutert Keller den Ortsnamen so: »Seldwyla bedeutet in der älteren Sprache einen wonnigen und sonnigen Ort, und so ist auch in der Tat die kleine Stadt dieses Namens gelegen irgendwo in der Schweiz.« Diesen erfundenen Ort und seine Bewohner charakterisiert Keller in den Vorreden zu beiden Teilen seiner Novellensammlung. Danach ist Seldwyla »eine ideale Stadt« insofern, als sie zeit- und ortlos existiert (»wie vor dreihundert Jahren und ist also immer das gleiche Nest«). Als »Paradies des Kredites« schafft die Stadt jene Atmosphäre, in der ihre Bewohner spezifische Charaktereigenschaften ausbilden. Die Seldwyler zeichnen sich dadurch aus, daß sie »die Gemütlichkeit für ihre besondere Kunst« halten, dabei jedoch überaus geschäftstüchtig bleiben. »Ihre große politische Beweglichkeit«, so Keller ironisch, meint eigentlich eine wetterwendische »Abwechslung der Meinungen und Grundsätze«, also das Fehlen eines begründeten politischen Standorts. Neben Geld und Politik interessieren sich die Seldwyler für ihren heimatlichen Wein, den *karneolfarbigen Sauser* (15,12 f.), der auch beim Auftritt Strapinskis in Goldach seine Rolle spielt. Im Unterschied zu den bekannten Schildbürgern oder den Abderiten, mit denen die Seldwyler ihr Selbstbewußtsein verbindet, sind sie gerade dadurch komisch, daß sie die Normalität in übertriebener Weise verkörpern. Zu beachten ist allerdings, daß »Kleider machen Leute« aus dem zweiten Teil der »Leute von Seldwyla« stammt, auf den diese Charakterisierungen nur noch partiell zutreffen. Die Vorrede zu diesem zweiten Teil rechtfertigt Keller ausdrücklich mit »Veränderungen« in Seldwyla: »daß sich sein sonst durch Jahrhunderte gleichgebliebener Charakter in weniger als zehn Jahren geändert hat und sich ganz in sein Gegenteil zu verwandeln droht.« Vgl. dazu Kap. IV, S. 60–62.

3,5 *nichts als einen Fingerhut:* Der *Fingerhut*, mit dem der Schneider in *Ermangelung irgendeiner Münze* (3,6) spielt, verweist ebenso auf Wenzels Armut wie auf den Verlust seiner Arbeit. Später bestätigt der *Fingerhut*, der sich an den gewonnenen Talern scheuert, den erfolgreichen Scheinaufstieg Wenzels durch sein Kartenglück (vgl. 16,33–17,6 und 22,35–23,6).

3,11 *Falliments:* von ital. »fallimento« ›Zahlungseinstellung, Bankrott‹. Dieser wie andere Fachbegriffe aus der Geschäftswelt (*Marchand-Tailleur*, 57,19 f.; *Comptoirstuhl*, 13,8; *Kompagnon*, 13,30 f.) sollen – freilich ironisch – die Vornehmheit und Weltläufigkeit des kleinstädtischen Geschäftslebens spiegeln.

3,16 *herwachsen:* im Sinne von ›herkommen‹. Die Wortbildung mit »wachsen« verweist auf das Unbeeinflußbare, ja das Naturgegebene des Fehlens einer Mahlzeit. Es handelt sich dabei um die gleichsam naturgesetzliche Folge von Arbeitsplatzverlust und Wanderschaft.

3,17 *Fechten:* (rotw.) betteln. Die Bedeutung entstammt der Gaunersprache und findet sich seit dem 17. Jh., als wandernde Handwerksburschen zum Lebensunterhalt für Geld Fechtkunststücke zeigten.

3,20 *Radmantel:* kreisförmig geschnittener, meist ärmelloser umhangartiger Mantel, der in Schnitt, Farbe (*dunkelgrau*) und Futter (*mit schwarzem Samt ausgeschlagen*, 3,20 f.) die Vornehmheit seines Trägers betont. Keller soll in seiner Münchner Zeit (1840–42) selbst einen solchen Radmantel getragen haben.

3,22 *romantisches Aussehen:* Das ›Romantische‹ bildet ein durchgehendes Charakteristikum in der Darstellung des Helden. ›Romantisch‹ im Sinn von *träumerisch* (58,1) meint das Gegenteil der Haltung, die den Geschäftsmann auszeichnet. ›Romantisch‹ im ursprünglichen Sinn von ›romanhaft‹ (*»Keine Romane mehr!«*, 52,21) ist sowohl die Lebensgeschichte als auch das vorläufige Verhalten Wenzels. Die Polenattitüde, der angebliche Adel und das geheimniskrämerische Verhalten (*wenigstens ein geheimnisvoller Prinz oder Grafensohn*, 5,4 f.) münzen Motive der romantischen Literatur aus. Der Erzähler begünstigt diese romantische Aura um seinen Helden mit Formulierungen, die allerdings schon ins Ironische umkippen, etwa wenn er Wenzel aus der Toilette hervorwandeln läßt, *melancholisch wie der umgehende Ahnherr eines Stammschlosses* (8,20 f.).

3,26 *Habitus:* von lat. »habere« ›haben, an sich tragen‹: das gesamte Erscheinungsbild eines Menschen in Aussehen und Verhalten.

3,32 *polnischen Pelzmütze:* wie der Radmantel durch Form und Material ein unpassendes Bekleidungsstück für einen Mittellosen. Die polnische Machart der Mütze begünstigt das Auftreten Strapinskis als polnischer Adeliger.

4,6 *nicht beredt:* Die mangelnde Beredsamkeit des Helden stellt einen durchgehenden Strukturzug der Erzählung dar. Als Strapinski zum ersten Mal den Mund aufmacht, sagt er *aus Gehorsam ja statt nein* (9,23). Der Kutscher charakterisiert ihn sogar durch sein Schweigen: *der spricht nicht viel in einem Tage* (11,22). Strapinskis erste Äußerung (von seinen in direkter Rede wiedergegebenen Selbstgesprächen abgesehen) ist kennzeichnenderweise nur ein Zitat, nämlich jenes polnische Volkslied, dessen Verse er *auswendig, ohne ihres Inhaltes bewußt zu sein, gleich einem Papagei* (20,13 f.) vorträgt. Seine erste Frage gilt dem verlorenen Bündel, in dem die Zeichen seiner Identität stecken (s. 21,16 f.). Die Verwicklungen des Helden lösen sich erst, als er zu reden beginnt: *»wie ich Ihnen jetzt der Wahrheit gemäß erzählen will«* (46,22 f.). Die unproblematische Identität von Handeln und Reden, der auch der Erzähler gefolgt war (*Gesagt, getan*, 10,22), ist dem bewußten Einsatz der Sprache für die Ziele des realen Lebensglückes gewichen (vgl. Nettchens Aussprache mit ihrem Vater, 53,32–55,23). Der Erzähler folgt: er nimmt Nettchens Diktum, die Leute von sich *abhängig* zu machen (52,27), für seinen Umgang mit der Sprache auf, indem er auch sie ›abhängig‹ macht: aus dem so hingesagten *Gesagt, getan* (10,22) wird ein *Und wie gesagt, so getan!* (52,28).

4,7 *der Märtyrer seines Mantels:* Die hier scheinbar abgeschwächte Wort-Bedeutung des Wortes *Märtyrer* erhält ihren tieferen Sinn erst im Fortgang der Geschichte, wenn der Held, eingewickelt in eben diesen Mantel, beinahe zu Tode kommt (s. 43,23–28).

4,8 *Sammet-:* altertümlich für »Samt«.

4,31 *Gasthofe, zur Waage:* wie alle Orts- und Personennamen der Novelle von sprechender Bedeutung. Der Held interpretiert das Bild der Waage selbst, daß nämlich in diesem Haus *das ungleiche Schicksal abgewogen und ausgeglichen und zuweilen ein reisender Schneider zum Grafen gemacht würde* (25,18–20).

4,36 *Schlag:* Wagenschlag, Tür einer Kutsche oder eines Fuhrwerks.

5,1 *enthülsen:* von der Hülse befreien, aus der Hülse lösen; Wortbildung vor allem bei Jean Paul belegt. Die Bildkonstruktion des ganzen Satzes verweist ironisch darauf, daß der Held zwar der Kutsche, der *unerhörten Schale*, entsteigt, aber keineswegs den wahren *Kern* seines Wesens enthüllt.

5,4–6 *schien er … ein geheimnisvoller Prinz oder Grafensohn zu sein:* Wie schon vorher (vgl. 4,14 f.) spielt der

Erzähler mit seiner scheinbaren Unwissenheit, indem er dem Leser die Fehlinterpretation der Goldacher anbietet. Auch im übernächsten Satz (5,9–16) spielt er mit unterschiedlichen Verhaltensmöglichkeiten. Während dem Helden im wörtlichen Sinn keine Alternative bleibt und der Ausweg versperrt ist (s. 5,6–9), behält sich der Erzähler die Freiheit vor, alle Verhaltensmöglichkeiten (wenigstens erzählerisch) durchzuspielen.

5,20 f. *Ins drei Teufels Namen:* Ihren Diskurs reichern Wirt und Köchin in der Folge durch Flüche und blasphemische Ausrufe an. Dabei ist der Wirt auf den Teufel fixiert (*Zum Teufel*, 5,20 und 8,16 f.; *»Hol' mich der Teufel«*, 9,31 f.), die Köchin eher auf das Gegenteil (*Ei der Tausend*, 6,13; *Gelobt sei Jesus Christ!*, 9,9 und 9,35). Der Erzähler treibt dazu sein ironisches Spiel mit dem Leser und seinen Figuren, wenn er dieses Sprachgebaren seiner Figuren sogar mitmacht (*der Kellner, den der Teufel beständig umhertrieb*, 7,30 f.; *so ließ er sich in Gottes Namen nieder*, 8,28).

5,22 *Rebhuhnpastete:* Teiggebäck mit Rebhuhnfleischfüllung, im Gegensatz zu *Rindfleisch* (5,21) und *Hammelskeule* (5,22) oder *Koteletts* (6,4) eine kostspielige Feinschmeckerei, selbst für sehr wohlhabende Bürger keine Alltagsspeise (vgl. auch 10,27–11,10).

5,23 *Abendherren:* servile Bezeichnung für regelmäßige abendliche Gäste; ein Herrenstammtisch.

5,27 *Wappen auf den Knöpfen:* Wappen des Dienstherrn, das auf den Knöpfen der Livree von Lakaien und Personal angebracht war.

5,31 *lamentieren:* von lat. »lamentari« ›wehklagen, weinen‹. Hier umgangssprachlich und abwertend: laut und ausgiebig klagen, sich entrüsten.

6,16 *Schnepfen:* in sumpfigen Gegenden und Waldgebieten lebender größerer Vogel mit langen Beinen und geradem Schnabel, zur Familie der Regenpfeifervögel gehörig. Als Jagdvogel beliebt, ähnelt er im Geschmack dem Rebhuhn (vgl. Anm. zu 5,22).

6,18 f. *mit Schnepfen gefälschte Rebhuhnpastete:* Die mit kleinen Fleischstücken gefüllte Pastetenteigform (vgl. Anm. zu 5,22 und 10,27) kann leicht unbemerkt mit ähnlichen und billigeren Fleischsorten ersatzweise gefüllt werden. Die geplante Pastetenfälschung der Köchin verweist auf die Goldacher Gewohnheit, auf jeden Fall die Fassade ohne Ansehen des Inhalts wahren zu wollen. Im ursprünglichen Wortsinn von »Pastete« (nach Grimm, »Deutsches Wörterbuch«, eine »verwickelte, unangenehme Bescherung«) steckt ein zusätzlicher Hinweis auf die falsche Identität Strapinskis, zumal tirolerisch »Pastete« als ›leere Vorspiegelung‹ belegt ist!

6,27 *Dessert:* (frz.) Nachtisch.

7,2 *Konfekt:* von lat. »confectum« ›Eingemachtes‹; hier: feine Süßigkeiten wie Kleingebäck, Pralinen; schweiz. vor allem Teegebäck, Plätzchen und Kekse.

7,3 *Zuckerbeck:* Zuckerbäcker, Konditor.

7,21 *Zeuge:* im Sinne von: Tuch, Stoff, Wäsche; hier also: Tischwäsche, Tischdecke.

7,27 *Ausweg:* Ausgang. Hier in doppeltem Sinn gebraucht, da Strapinski weder den Ausgang aus dem Gasthof noch einen Ausweg aus seiner verzwickten Lage findet.

7,31 f. *eine gewisse Bequemlichkeit:* euphemistische Umschreibung der Toilette, hier vom Erzähler der geschraubten Redeweise des Kellners in indirekter Rede nachgebildet.

8,5 *Freiheit der Landstraße:* Mit seinem Wunsch greift der Held die Ausgangssituation der Erzählung wieder auf, jetzt jedoch mit charakteristischer Verschiebung der *Landstraße nach Goldach* (3,2 f.) zur *goldenen Freiheit der Landstraße*.

8,8 f. *erste selbsttätige Lüge:* Diese Bewertung des Erzählers läßt auf ein schuldhaftes Verhalten des Helden schließen, der erstmals nicht nur die Verwechslung mit sich geschehen läßt. Allerdings ist das Urteil des Erzählers ebenso drastisch wie ironisch, wenn er Strapinski *den abschüssigen Weg des Bösen* (8,10 f.) betreten läßt. Diesem ersten aktiven Vergehen setzt der Erzähler ausdrücklich Strapinskis *zweiten selbsttätigen Fehler* (9,22 f.) parallel.

8,20 *melancholisch:* niedergedrückt, schwermütig; von griech. μελαγχολία ›Gallsucht, Tiefsinn, Wahnsinn‹, einem der vier klassischen Temperamente.

8,22 *Komplimenten:* (frz.) Schmeicheleien, höfliche Redensarten.

8,23 f. *verwünschten Saal:* gesagt aus der Perspektive des Schneiders, die der Erzähler an dieser Stelle übernimmt. Die Charakterisierung des Helden, von dem es heißt, er komme *hervorgewandelt, melancholisch wie der umgehende Ahnherr eines Stammschlosses* (8,20 f.), setzt indes einen ironisch-distanzierten Erzähler voraus.

9,4 *Blödigkeit:* ursprünglich nicht abwertend (von mhd. »bloede« ›gebrechlich, schwach, zaghaft, zart‹). An dieser Stelle schwingt jedoch die pejorative Bedeutung schon mit, wenn von Strapinski gesagt wird, er *hantierte schüchtern und zimperlich mit der silbernen Gabel* (9,5 f.).

9,20 f. *Tischwein ... guten Bordeaux:* Im Unterschied zum einfachen Tischwein lokaler Herkunft – Seldwyla ist ja laut Kellers Vorrede zum Zyklus Weinbaugebiet – ist der *Bordeaux* ein höherwertiger, teurerer Rotwein aus der Gegend um Bordeaux in Südwestfrankreich.

9,24 *und alsobald verfügte sich:* Die gewählt-gespreizten Formulierungen kennzeichnen das gravitätische Verhalten, das der Wirt seinem hohen Gast schuldig zu sein glaubt.

9,33 f. *Dukaten auf die Goldwaage:* wertvollere Goldmünze. Den tatsächlichen Wert der Goldmünzen mißt man, indem man die in der Münzprägung enthaltene Goldmenge mittels einer Waage auswiegt.

10,4 f. *genugsam:* genügend lange Zeit.

10,19 *leichtlich:* wohl, wahrscheinlich.

10,27 *Fleisch, Trüffeln, Klößchen, Boden, Deckel:* die einzelnen Bestandteile der Pastete (vgl. Anm. zu 5,22). Die parataktische Aufzählung veranschaulicht auch stilistisch den Umschwung im Eßverhalten des Schneiders.

10,29 *Ränzchen:* Diminutiv zu »Ranzen«, ein auf dem Rükken getragener Rucksack, Tournister.
sein Ränzchen voll zu packen: salopper Ausdruck für »sehr viel essen«. Das Sprachbild aus dem Wanderburschenmilieu verweist auf Strapinskis bisherigen Status als wandernder Schneidergeselle zurück.

11,9 f. *Kapitelsherren:* Weltgeistliche einer Domkirche, die von deren Pfründe (vgl. Anm. zu 39,24) leben, im Gegensatz zu Klostergeistlichen (Mönchen); galten seit dem Beginn des 19. Jh.s als Inbegriff des Wohllebens und verschwenderischer Eßgewohnheiten.

11,23 *Strapinski:* Der Name des Helden ist wohl von Keller frei erfunden, doch sind ähnliche Namen (Graf Stroynowski, Saminski) im Zusammenhang der Polenereignisse 1863/64 historisch überliefert (vgl. Kap. III,2). Belegt ist zudem bayr. »strapeln« ›Hände und Füße regen, zappeln‹ sowie »Gestrapl« ›Raufhändel‹. Zu beachten ist auch, daß sich der Begriff »Hochstapler« von rotw. »Stabler« (vgl. Wander-Stab) ›Bettler‹ ableitet; vgl. auch rotw. »stappeln« ›wiederholt unterbrochenes Gehen‹.

11,31 *Eulenspiegelei:* Gaukelspiel, mutwilliger Streich, Prellerei, vor allem durch das Wörtlichnehmen bildhafter Redeweisen nach dem Vorbild Till Eulenspiegels (um 1300–50), dessen Name dadurch sprichwörtlich geworden ist (vgl. das Volksbuch »Ein kurtzweilig Lesen von Dil Ulenspiegel«, dessen ältester erhaltener Druck bereits von 1515 stammt).

11,36 *aufs Kerbholz gebracht:* jemandem etwas ankreiden, eine Schuld zuschreiben bzw. – wie hier – Schulden anschreiben (nach dem Holzstab, in den Kerben für Arbeitsleistungen oder Schulden eingeschnitten wurden).

12,2 f. *Wenzel:* dt. Form des häufigen tschechischen Namens Wenceslaw; nach dem böhmischen Nationalheiligen, von russ. »venec« ›Kranz, Ruhm‹. Bei der deutschen Bevölkerung dieser Gebiete in der appellativen Bedeutung von ›Diener, Knecht‹. Auch an ein vielleicht mitschwingendes »scharwenzeln« ›sich dienstbeflissen zeigen‹

ist zu denken. Ferner ist zu beachten, daß noch in der Handschrift Keller zwischen den Vornamen Wenzel und Julian schwankt (vgl. SW VIII, S. 444 und Kap. III,2).

12,3 *Zufall:* Der Zufall ist eine zentrale Kategorie für die Struktur der Novelle. Zufälle, die der Erzähler als solche setzt, steuern die Verwicklung des Helden in die Hochstaplerrolle, sei es, daß er durch Zufall in eine herrschaftliche Kutsche gerät (4,10), sei es durch seine zufällig erworbenen militärischen Kenntnisse, die ihm das Spielen der Grafenrolle ermöglichen (vgl. 14,30–15,5); letztere Passage beginnt bezeichnenderweise: *Nun war es eine weitere Fügung [. . .].* Durch Formulierungen wie: *Nun mußte [!] es sich aber fügen* (12,1), gibt der Erzähler freilich den scheinbaren Zufall als seine eigene Inszenierung zu erkennen: während sich der allwissende Erzähler ironisch in Spekulationen und Vermutungen verwickelt (*mochte es nun ein Zufall sein, oder mochte [. . .]*, 12,3 f.), führt er mit der Kategorie des Glücks einen weiteren, parallelen Begriff ein. Sowohl das Kartenglück des Helden (vgl. 17,14) als auch der glückliche Zufall beim Auftreten Nettchens (vgl. 18,19) bauen dem Helden eine zufällig arrangierte Glückswelt auf, bei deren Zusammenbruch er als der *glücklich Unglückliche* (vgl. 44,8 f.) erscheint. Schon in Wenzels Kindheitsgeschichte (*in halber Kindheit noch*, 48,5 f.) war dieses Glück als Glücksentsagung (vgl. 48,7 und 49,23) die geheime Motivation der fehlerhaften Erziehung gewesen. Der Zufall hatte indes auch dort schon seine frühe Lebensgeschichte verworren, um sie dann – *unerwartet* (48,24) – wieder zu entwirren. Daß der Held den handlungsmotivierenden Zufall und das unverdient zufallende Glück im allegorischen Raum seines Goldacher Spaziergangs als *Schicksal* empfindet (vgl. 23,16 f.), ist durchaus konsequent. Sein Zweifel am Schicksal (vgl. 28,29–31) ist eine genauso scheinbare Einsicht wie *die Erklärung des Mirakels* (37,31), die Melchior Böhni nach der Enthüllung des Schneiders geben will. Erst nach Wenzels Errettung und seiner Aussprache mit Nettchen, diesem *abermaligen Glückswechsel* (52,12), verlieren Zufall und Schicksal zugleich mit dem unmotivierten Glück ihre Funktion. Nettchen setzt *zur Begründung ihres wahren Glückes* nicht ihr Vermögen ein, wie es ihr Vater gewünscht hatte (vgl. 54,22 f.), sondern ihren Willen: *des Menschen Wille ist sein Himmelreich* (52,33 f.). Der romantische, weil scheinbar unmotivierte Zufall weicht dem ökonomischen Kalkül als eine Art von Willen zum Glück, das ein beständiges materielles Glück garantieren soll: in den *Spekulationen* (58,4 f.; s. auch Anm. zu 58,4–6), die Wenzels Vermögen so erfolgreich vermehren, steckt jener Rest Zufall und Glück, der den Helden vor den anderen Seldwyler und Goldacher Geschäftsleuten auszeichnet.

12,4 *Wanderbuch:* Buch, das der wandernde Handwerksgeselle mit sich trägt und in das die Aufenthalte und Arbeitszeiten als Nachweis für die spätere Meisterprüfung eingetragen werden. Für die wandernden Gesellen übernimmt das Wanderbuch die Funktion eines Personalausweises. Der Verlust des Buches signalisiert also den Verlust der (juristischen) Identität des Helden.

12,9 f. *alten Tokaier ... Glas Champagner:* Der ungarische Dessertwein – nach seiner Herkunft aus dem Umkreis der Stadt Tokaj benannt – sowie der Champagner – durch Flaschengärung hergestellter Schaumwein aus der Champagne (östl. von Paris) – signalisieren Weltläufigkeit und Vornehmheit des Goldacher Wirtshauses.

12,17 *Bocksbeutel:* bauchige Flaschenform, die für Frankenweine reserviert ist; hier stellvertretend für den Wein selber gebraucht, mit dem der Wirt wiederum seinen extraordinären Weinkeller beweisen möchte.

12,28 *Stadtschreiber ... Notar:* bürgerliche Honoratiorenberufe; im Unterschied zum Notar, der die Beurkundung bei Rechtsgeschäften zwischen Privatpersonen vornimmt, ist das Amt des Stadtschreibers eines der städtischen Verwaltung.

12,31 *Häberlin:* neben seiner typischen Schweizer Namens-

form sprechend für die Goldacher Gesellschaft, wenn man ›haben‹ und ›behäbig‹ mithört.
Cie.: Geschäftsabkürzung für »Companie« (Gesellschaft, Handelsgesellschaft), wie auch »Co.« und »Comp.«.

12,32 *Pütschli-Nievergelt:* Die Anspielung auf den *Putsch*, den Melcher Böhni in Goldach erwartet (vgl. Anm. zu 16,20) und der ironisch verkleinert wird, ist offenkundig, ebenso Anklänge an ›nie vergelten‹ und ›Geld‹.

12,32 f. *der Buchhalter ... Melcher Böhni:* Der Vorname als Form von »Melchior« ist ein nicht sehr häufiger Schweizer Vorname; zugleich ist Melchior einer der Heiligen drei Könige. Auch die Galionsfigur von Böhnis Schlitten *Teich Bethesda*, (vgl. Anm. zu 32,21) nimmt den Bezug auf die biblische Geschichte auf. Beide Bibelhinweise deuten auf eine Figur, die sich sehr hohe Ziele gesteckt hat. Der Nachname bedeutet eigentlich ›kleine Bohne‹, ironisiert also den Anspruch des Vornamens wieder. Ebenfalls aussagekräftig ist Böhnis Beruf als *Buchhalter einer großen Spinnerei*, der sein baldiges Ränkespinnen mit dem ›unromantisch‹ trockenen Berufsbild des Buchhalters in eine sprechende Verbindung setzt.

13,1 *auf den Stockzähnen lächelnd:* auf den Backenzähnen, also verborgen und heimlich lächelnd.

13,8 *Comptoirstuhl:* frz. »comptoir« ›Büro, Kontor, Geschäftszimmer eines Kaufmanns‹.

13,17 *aus dem Stegreif:* von ahd. »stegareif« ›Steigbügel‹; also ›ohne vom Pferd abzusteigen‹, im Sinne von ›sofort, ohne längeres Überlegen, improvisiert‹.

13,18 f. *um eine Flasche zu würfeln:* geselliges Würfelspiel, bei dem der Verlierer die nächste Flasche bestellt und bezahlt.

13,22 *Polacken:* von poln. »polak« ›Pole‹; wohl erst später in abwertender Bedeutung, dann sogar Schimpfwort im Sinne von ›dummer, blöder Kerl‹.

13,24 *Rauchzeug:* Rauchwaren, also Zigarren, Zigaretten, Pfeifen.

13,30 *Tabak aus Smyrna:* türkische Stadt, heute Izmir; im

19. Jh. gern stellvertretend für den berühmten orientalischen Tabakanbau verwendet.

13,30 f. *Kompagnon:* (frz.) Geselle; hier: Teilhaber, Mitinhaber eines Geschäfts.

13,34 *Prokurist:* Inhaber der Prokura (von lat. »procurare« ›verwalten‹), der einem Angestellten erteilten Vollmacht, alle Arten von Rechtsgeschäften für seinen Arbeitgeber vorzunehmen.

13,36–14,1 *ungefügen Zigarrenbengel:* ironische Bezeichnung für eine überdurchschnittlich große und dicke Zigarre, die die Aufdringlichkeit des Anbieters lächerlich macht.

14,3 *Pflanzerzigarre aus Virginien:* Zigarre, die der Tabakpflanzer in Virginia (bedeutendes amerikanisches Tabakanbaugebiet) selbst raucht; hier als Zeichen für Erlesenheit und Kostspieligkeit.

14,15 f. *seinen neuen Wein, den roten Sauser:* junger Wein, Federweißer; meist lokaler Wein (oder noch Most) im Stadium der ersten Gärung. Die sprechende Bezeichnung deutet auf die belebende Wirkung des Getränks hin. In der Vorrede zum ersten Teil der »Leute von Seldwyla« bezeichnet Keller den *Sauser* als Spezifikum Seldwylas und charakterisiert seine Wirkung so: »[...] wenn er gut ist, so ist man des Lebens nicht sicher unter ihnen, und sie machen einen Höllenlärm; die ganze Stadt duftet nach jungem Wein und die Seldwyler taugen dann auch gar nichts.« (SW VII, S. 5.)

14,17 *Jagdwagen:* Kutsche für die Jagd, hier: allgemein leichtgebauter, offener Wagen.

14,18 *Eisenschimmel:* eisengraues Pferd.

14,22 *Witz:* von ahd. »wizzi« ›Wissen‹, erst später im Sinn von ›Scherz‹, hier noch im Sinn von ›Verstand, Geist‹ gebraucht.

14,33 *Husaren:* Bezeichnung aus dem Ungarischen für die Angehörigen der leichten Reiterei in ungarischer Nationaltracht, später in anderen Nationen als Teil der Reiterei, deren Uniform der ungarischen Tracht angeglichen ist. Im übertragenen Sinn gebraucht für Schneidigkeit, Draufgängertum und Mut.

15,2 f. *auf der Landstraße:* vgl. Anm. zu 3,2 f.; die Topographie signalisiert, daß es sich um eine Gelenkstelle im Erzählvorgang handelt.

15,7 f. *fuhr in einem prächtigen Halbbogen auf:* Kutscher- und Reitersprache. Der Fahrtweg der Kutsche beschreibt einen Halbkreis, was für die elegante Wagenführung des Helden spricht.

15,9 *anprallen:* ebenfalls Reitersprache: schnelles Heranreiten oder -fahren und unvermitteltes Haltenlassen der Pferde.

15,12 *Karaffen:* Bauchige, nach oben verdünnte Glasgefäße (von arab. »garafa« ›schöpfen‹).

15,12 *karneolfarbigen:* Der Karneol (von lat. »corneolus« ›hornartig‹) ist ein Schmuckstein aus der Familie der Quarze, der durch Eisenoxyde eine hellrote bis blutrote Farbe erhält.

15,35 *Handstreiche:* urspr. ›Schlag mit der Hand‹ (als Lehnübersetzung des frz. »coup de main«), dann ›Überrumpelung, plötzlicher Überfall‹.

16,16 *Junker:* von mhd. »juncherre« ›junger Herr, Edelknabe, Knappe‹; sowohl historisch (›junger Adliger, Edelmann, Sohn eines Adligen‹) junger Adliger oder allg. Großgrundbesitzer, Angehöriger des Landadels; oft auch abwertend für einen Adligen gebraucht, der kein Verdienst als das der Geburt hat.

16,20 *Putsch:* schweiz. seit dem 15. Jh. »bütsch« ›heftiger Stoß, Zusammenprall, Knall‹ (wahrscheinlich lautmalend). Seit 1830 in der Hochsprache im Sinn von ›Staatsstreich‹. Hier noch im ursprünglichen Sinn gebraucht, wobei freilich die politische Nebenbedeutung mitschwingt.

16,24 *Praga oder Ostrolenka:* 1794 wurden bei Praga (östlich von Warschau), 1831 bei Ostrolenka (im Nordosten Polens) Polenaufstände von russischen Truppen niedergeschlagen. Vgl. dazu Kap. III,2.

16,32 *Hasardspiel:* von frz. »hasard« ›Glücksspiel‹. Hier spielt wieder der Begriff des Zufalls eine Rolle, auf dessen erzählerische Funktion schon hingewiesen wurde (vgl. Anm. zu 12,3).

16,34 *Brabantertaler:* Talermünze aus der belgischen Provinz Brabant, die seit 1598 als überregionales Zahlungsmittel anerkannt war; hier als ironischer Ausweis der ›Internationalität‹ der lokalen Stadthonoratioren gebraucht.

17,17 *Louisdors:* wörtl. ›Ludwig aus Gold‹. Unter Ludwig XIII. seit 1640 geprägte frz. Goldmünze, deren Wert sich über ihre offizielle Geltung hinaus (bis 1803) als Zahlungs- und Rechnungsmittel erhalten hat.

17,23 f. *den Teufel fährt der in einem vierspännigen Wagen!:* in Fluchform gekleidete Anspielung Böhnis auf Strapinskis tatsächlichen sozialen Status, etwa im Sinn von ›keinesfalls ist der der Graf, der er zu sein scheint‹.

17,34 *artiges:* hier: ordentliches, ansehnliches (zu mhd. »ertec« ›die angestammte gute Art habend‹).

18,3 *Akazien:* vor allem in südlicheren Ländern ein beliebter Straßenbaum. Daß der Erzähler den Baum bewußt in den Zusammenhang einer gewählt-melancholischen Szene einfügt, wird noch deutlicher, wenn man bedenkt, daß die Akazie oft dornig ist und zur Gattung der Mimosengewächse gehört.

18,20 *Nettchen:* Kurz- und Diminutivform von »Anette«, das (aus »Anne«/»Anna«) eigentlich schon eine verkleinerte Namensform darstellt, mit dem Anklang an »nett« also eine ironisch-liebevolle Namensbildung.

18,21 *stutzerhaft:* von »Stutzer«, ursprünglich nur auf Männer anwendbar: ›wer einen gestutzten Bart trägt‹; hier in der Bedeutung ›eitel, modisch herausgeputzt‹.

19,5 *Wildfänge:* Wildfang meint ursprünglich ›ein wildes, eingefangenes Tier‹, dann in der Bedeutung ›lebhaftes, wildes Kind oder junger Mensch‹.

19,7 *Ritter:* Vermischung des (angeblichen) aristokratischen Standes mit dem ritterlich-höflichen Verhalten des

Schneiders als Kennzeichen des romantischen Menschenbildes, das Nettchens Sicht bestimmt.

19,14 f. *begann er nun ... gesuchter zu sprechen:* auch sprachlich markierter Wendepunkt im Verhalten des Schneiders (vgl. Anm. zu 4,6).

20,7 f. *Lieder, die in den dreißiger Jahren Mode waren:* Diese Anspielung auf die in ganz Europa herrschende Polenbegeisterung der Jahre nach 1831 bildet den einzigen konkreten Hinweis auf die Zeit, in der die Novelle spielt. Dabei ist jedoch nicht eindeutig festgelegt, ob die Erzählung auch *in den dreißiger Jahren* spielt (so Sautermeister, S. 199) oder ob nicht auf die Rückständigkeit der Goldacher Verhältnisse angespielt wird; die Zeit, zu der die Novelle spielt, könnte dann sehr viel näher an der Entstehungszeit, also den sechziger Jahren, angenommen werden. Wie lebendig jedoch – jedenfalls bei den Goldachern – die Polenbegeisterung noch ist, dazu vgl. die Anm.n zu 20,18–25 und 21,34 f.

20,18–25 *Hunderttausend Schweine ... verliebt:* Das den Goldachern unverständliche polnische Lied ist parodistisch eingesetzt zur Entlarvung der modischen Polenbegeisterung (vgl. Anm. zu 20,7 f.), wie sich an Nettchens rührseliger Reaktion (s. 20,28) ablesen läßt.

20,18 *pferchen:* in einen Pferch, eine Einfriedung aus Brettern, sperren, in die man vor allem nachts das Vieh treibt.

20,19 *Desna ... Weichsel:* polnische Flüsse, die in etwa das kernpolnische Gebiet umschließen.

20,23 *Wolhyniens:* Provinz bzw. Landschaft in Zentralpolen.

20,34 f. *der Schneider wurde wieder eingepackt:* Der Erzählerkommentar weist auf die Willenlosigkeit des Helden hin.

21,16 *das kleine Paketchen:* Es ist kennzeichnend für die Eitelkeit des Helden, daß seine erste (echte) direkte Rede vom Verlust der in diesem Paketchen enthaltenen Toilettenartikel handelt; Wenzel bindet seine bisherige Identität an dieses sein *handgroßes Bündelein* (21,18).

21,20 f. *Pomade:* eine fettige, wohlriechende Substanz zur männlichen Haarpflege.

21,21 *Bartwichse:* eine Pomade zum Glätten des Bartes.

21,25 *Expressen:* Eilboten.

21,34 f. *ein Opfer politischer oder der Familienverfolgung:* weitere Anspielung auf die Zeit der Novellenhandlung (vgl. Anm. zu 20,7 f.) und die politischen Hintergründe der Polenaufstände (vgl. Kap. III,2).

23,2 *Fingerhut:* vgl. Anm. zu 3,5.

23,28 *Schultheiße:* von ahd. »sculdheizo« ›Leistung Befehlender‹; ursprünglich Gemeindevorsteher, in der Schweiz der Vorsitzende des Regierungsrates.

23,29–35 *zum Schwert ... und dergleichen:* Allegorische Beschriftungen alter Häuser sind (bes. in der Schweiz) bis heute zu finden. Hier bezeichnen die angeführten Namen eine romantisch-literarische Mittelaltersicht, die in bewußtem Gegensatz zum ökonomisch orientierten Zeitalter der Novellenhandlung, zur *Poesie der Fabrikanten* (24,23) steht, und deuten auf den Widerspruch zwischen dieser Art der Geschichtserinnerung und der realen Geschichtsentwicklung hin.

23,34 f. *zum Kämbel:* von mhd. »kembel« ›Kamel‹; zu Kellers Lebzeiten ist ein Züricher Haus »Zum Kämbel« belegt.

23,36 *Philanthropie:* (griech.) Menschenliebe. Geistesgeschichtlicher Begriff zur Kennzeichnung der hier genannten *Aufklärung*, der Vernunftepoche des 18. Jh.s.

24,3–19 *zur Eintracht ... zur Geduld:* parallel zum Mittelalter (vgl. Anm. zu 23,29–35) eine zweite Epoche, die durch allegorische Hausaufschriften charakterisiert ist. Die Hausnamen greifen Schlagworte aus dem Vokabular der Aufklärung auf, wobei die Begriffe durch Aufgliederung oder durch eine komisch-passende Tätigkeit der Bewohner oder durch den Kommentar des Erzählers ironisiert werden (*zur Bürgertugend a, zur Bürgertugend b,*

24,5; der *Bötticher*, also der Faßmacher, wohnt in der *Verfassung*, 24,12f.; das *Landeswohl* erscheint als *alte Frau ... mit einer weißen Zipfelhaube*, 24,8–11; *Jammerbild*, 24,20).

24,18 *Friedensrichter:* Begriff und Sache aus engl. »justice of peace« entlehnt, meint eine ehrenamtlich tätige Person, die bei bestimmten Delikten einen Sühneversuch zu unternehmen hatte, also eine Art Schiedsmann.

24,23–27 *Poesie der Fabrikanten ... Wilhelminenburg usw.:* Die dritte durch Hausaufschriften bestimmte Epoche unterscheidet sich von den beiden anderen (vgl. Anm. zu 23,29–35 und 24,3–19) grundlegend. Die Häusernamen geben kein – wenn auch ironisch oder falsch konkretisiertes – Programm wieder, sondern schwelgen in unverbindlichen und dekorativen Begriffen. Die Auflösung ihrer Bedeutung als einer Zurückführung auf bürgerlich-kapitalistische Lebensformen, nämlich die Mitgift der erheirateten Frau (vgl. Anm. zu 24,29 f.), ist nur *für den Kundigen* (24,29) möglich.

24,24 f. *Spediteure:* jemand, der den Transport von Gütern durchführt, Transportunternehmer.

24,29 f. *ein schönes Weibergut:* Mitgift, Vermögen, das die Frau in die Ehe mitbringt.

25,14 *Utopien:* wörtl. etwa ›Nichtort‹; nach dem Staatsroman »Utopia« (1516) von Thomas Morus meint ›Utopie‹ den Entwurf eines gesellschaftlichen Idealzustands.

25,30 f. *gleich dem Jüngling am Scheidewege:* Der Jüngling Herkules stand vor der sprichwörtlich gewordenen Entscheidung, den Weg des Genusses oder den der Tugend einzuschlagen (vgl. Cicero, »De officiis« I,32,118). Vgl. auch Anm. zu 56,11 f.

25,31 *Kreuzstraße:* in doppeltem Sinn gebraucht sowohl als reale ›Straßenkreuzung‹ wie auch als leidvoller ›Kreuzweg‹. Im letzten Sinn ordnet sich die Bezeichnung ein in eine Gruppe von biblischen Konnotationen, die den Helden sogar in eine Christusrolle stellen: *Märtyrer seines Mantels*, 4,7; *verklärtes Haupt*, 26,23; *Nun war der Geist in ihn gefahren*, 26,24; Wenzel als *Raphael*, 37,18; *die gekreuzten Arme*, 38,34. Sogar der Erzähler übernimmt den biblischen Duktus: *Um diese Zeit geschah es* (31,21).

26,24 *Nun war der Geist in ihn gefahren:* Bibelsprache (vgl. Anm. zu 25,31).

27,4 f. *So ward er rasch zum Helden eines artigen Romanes:* Der hier (nach 27,7) gesetzte strukturelle Einschnitt kennzeichnet den Wandel des Helden vom Objekt romantisch-romanhafter Vorstellungen der Goldacher zur eigenen Autorschaft seines Schicksals. Die Goldacher hatten Wenzel anfangs ihren ›erzählerischen‹ Willen einfach aufgezwungen, so z. B. die Köchin (*Gewiß ist er in ein armes Fräulein verliebt*, 9,15 f.), der Wirt (*unzweifelhaft ein Opfer politischer oder der Familienverfolgung*, 21,34 f.) und sogar Nettchen (*Ritter*, 19,7). Wenn der Held jetzt zum *Helden eines artigen Romanes* wird, so tritt er zwar in eine willentliche und verantwortliche Rolle, muß jedoch seine ›Dichtertätigkeit‹ *gemeinsam mit der Stadt* ausführen (27,5), also mit den Vorstellungen der Goldacher kombinieren. Erst Nettchens Diktum *Keine Romane mehr!* (vgl. Anm. zu 52,21) macht dieser Phase des selbstinszenierten romantischen Ich-Romans ein Ende: bis dahin noch (52,17–20) versucht Wenzel, einen sentimentalen Roman um sich als Hauptfigur in die Zukunft zu verlängern (vgl. 52,17–20; s. auch 47,10–18).

27,28 *Korrespondenz:* Briefwechsel, Schriftverkehr.

27,34 *Kollekteur:* hier: Lotterieeinnehmer.

28,7 *kurz abzubinden:* kurz abzumachen, zu beenden.

30,4 *wie mit schwarzen Adlerflügeln:* das Sprachbild, vom Erzähler ausdrücklich als *wahrhaft schönes Bild, das seine Berechtigung ganz allein in sich zu tragen schien* (30,4–6), bewertet, nimmt die Figur des schwarzen polnischen Adlers auf, den der Held mit seinem Mantel darstellt.

30,19 *einen großen Pianisten:* Die Handschrift hat »Violinspieler« (s. Kap. II). Die Änderung ist insofern bedeutsam, als an Musiker des 19. Jh.s wie den Polen Frédéric Chopin (1810–49) oder den Ungarn Franz Liszt (1811–86) zu denken ist, die sowohl als gefeierte Persönlichkeiten wie auch durch ihre Kompositionen für den romantisch-genialischen Typus stehen, den Nettchen sich vorstellt.

30,28 *aus einem silbernen Döschen schnupft:* Die Benutzung der Schnupftabakdose, ursprünglich eine aristokratische Sitte, gilt in der Übernahme durch das gehobene Bürgertum als Zeichen von Vornehmheit und gesellschaftlichem Rang.

30,31 *Polackei:* Polen; Wortbildung in Analogie zu *Polacke* (13,22).

30,35 *eine Gräfin geworden ist:* Die Handschrift (s. Kap. II) fährt unmittelbar danach fort: »Wissen Sie was, Herr Graf, wenn Sie zu Hause oder wo Sie hin wollen, etwa nicht allzuviel zu beißen haben sollten, so kommen Sie allsdann hieher, wir wollen Ihnen zu einem Auskommen zu verhelfen suchen, dann heißt es aber Herr und Frau Strapinski und damit Punktum!« Die Handschriftenfassung bindet also in ihrem ersten Teil das bisherige Leben des Schneiders als Zukunftsprojektion mit seinem tatsächlichen Ende (vgl. 58,8) zusammen. Indem Keller diese Passage streicht, erreicht er zugleich mit der Ironisierung des Amtsrates die Beibehaltung einer offenen Spannung auf ein glückliches Ende.

31,36 *von grünem Sammet:* Die Handschrift hat: »von schwarzem Sammet« (s. Kap. II). Der Farbwechsel – von Schwarz als einem Zeichen der Melancholie (vgl. 8,20: *melancholisch*) zu Grün als einem Zeichen der Hoffnung und des (scheinbar) sich anbahnenden Glücks – muß in Zusammenhang gesehen werden mit anderen Farbsignalen, so z. B. Nettchens fröhliche blau-weiße Staffage bei gleicher Gelegenheit (vgl. 32,2 f.) und den bunten Kleidern des Schlußbildes (57,27–29). Welche Bedeutung Keller dieser Art von Farbsymbolik zuschreibt, zeigen die Veränderungen zwischen der Handschriften- und der Druckfassung (vgl. Kap. II, die Varianten zu 57,27 und 57,29).

32,9 *Fortuna:* Die Galionsfigur (vgl. Anm. zu 32,15) der

antiken Glücksgöttin Fortuna (lat., ›Glück, Zufall‹) führt den Zufall (vgl. Anm. zu 12,3) wieder ein, der hier als Vorausdeutung auf das glückliche Ende des Paares dient.

32,15 *Galions:* span. »galeone« ›großes bewaffnetes Segelschiff‹, später als pars pro toto für den Vorbau am Bug eines Schiffes, der oft mit einer – meist eine Frauengestalt darstellenden – Holzfigur (Galionsfigur) geschmückt war.

32,20 f. *der Teich Bethesda:* Die Handschrift hatte zuerst: »das Thal Josaphat«; danach: »der Brunnen Rogel«. Die zweifache Fassungsänderung macht verschiedene Intentionen Kellers deutlich: Während sich mit dem »Thal Josaphat« (nach Joel 4,2: »da werde ich alle Völker zusammenbringen und sie hinabführen zum Tale Josaphat [d. i. der Herr richtet] und dort mit ihnen rechten«) Melchior Böhni blindlings einem göttlichen Urteilsspruch anvertraut, sucht er am »Brunnen Rogel« (auch »Walkerquelle« oder »Drachenbrunnen«, vgl. Jos. 15,7, 18,16; 2. Sam. 17,17; 1. Kön. 1,9) sehr viel willentlicher und zielstrebiger die freie Entscheidung auf dem Heiratsmarkt der Öffentlichkeit (dies die Funktion des Brunnens im Orient und in der Bibel). Mit dem *Teich Bethesda* (vgl. Joh. 5,2; *Bethesda* heißt, wörtl. übersetzt, ›Haus der Barmherzigkeit‹; eine Deutung gibt der Erzähler selbst: s. 32,23–26) unterwirft sich Böhni nun der zufälligen, unbegründeten Barmherzigkeit Nettchens.

32,22 *bescheidener Einspänner:* kleine Kutsche, die nur von einem Pferd gezogen wird. In diesem Hinweis auf Böhnis nach außen gekehrte Bescheidenheit steckt auch eine ironische Vorausdeutung auf seinen Mißerfolg bei Nettchen, denn scherzhaft gebraucht deutet der Begriff auch darauf hin, daß Böhni Junggeselle bleibt.

32,26 f. *segelte dann das Geschwader:* aus spätmhd. »swader« ›Reiterabteilung, Flottenverband‹ (nach ital. »squadra« ›in quadratischer Form angetretene Reitertruppe‹); Bezeichnung für einen größeren Verband von Kriegsschiffen.

33,8 *Flittergoldes:* sehr dünn ausgewalztes Messingblech, das einen goldähnlichen Glanz vortäuschen soll.

33,8 *Gazegewänder:* ›Gaze‹ ist ein lose gewebter, durchsichtiger Stoff.

33,14 *fünfzehn Schuh:* altes Längenmaß, genauso wie »Fuß«, das – regional verschieden – zwischen 25 und 33 cm betrug.

33,36 *ethnographischer:* (griech.) »Ethnographie« ›beschreibende Völkerkunde‹.

34,7 *Prälaten und Stiftsdamen:* höhere geistliche Würdenträger und adlige Damen, die ins Kloster (Stift) eingetreten sind und dort ihre Einkünfte verzehren.

34,8 *Gravität:* von lat. »gravitas« ›Schwere, Würde, Erhabenheit, Gemessenheit (im Auftreten)‹.

35,19 *Priestertalar:* von lat. »talaria« ›knöchellanges Gewand‹.

35,29 *Werg:* Abfall von Flachs und Hanf, der als Dichtungs- und Polstermaterial benutzt wird.

35,29 f. *heroisch:* heldenhaft, von erhabener Wirkung (nach griech./lat. »heros« ›Held‹).

35,30 f. *Carbonarimantel:* Mantel, wie ihn die Mitglieder des italienischen Geheimbundes der »Carbonari« (›Köhler‹) trugen. Seit dem Ende des 18. Jh.s, verstärkt zu Anfang des 19. Jh.s, betrieb der Bund die Befreiung Italiens von der Fremdherrschaft und verfocht die Errichtung einer italienischen Republik. Mit der Anspielung auf diese revolutionäre Vereinigung Italiens stellt der Erzähler – über den polnischen Radmantel – die Beziehung zum polnischen Freiheitskampf her (vgl. Kap. III,2). Zugleich zitiert er die zeitgenössische Trivialliteratur, in die derartige politische Anspielungen als literarische Motive Eingang gefunden hatten.

36,19 *Troddeln:* von ahd. »trado« ›Franse, Quaste‹; kleine Quaste, die meist an einer Schnur herunterhängt.

37,6 f. *Wasserpolacken:* im 19. Jh. Ausdruck für die preußischen Polen; vgl. dazu Kap. II und III. Vgl. auch Anm. zu 13,22.

37,8 *wegen einer kleinen Geschäftsschwankung:* eine verharmlosende Erklärung des Seldwyler Schneidermeisters, die dem Erzähler widerspricht, der dessen Bankrott ausdrücklich als *Falliment* bezeichnet (vgl. Anm. zu 3,11). Die Verantwortungslosigkeit des Seldwyler Geschäftsgebarens wird ganz offensichtlich durch die Verschärfung, die Keller in der Druckfassung vornimmt. Die Handschrift hatte: »weil er meiner Frau kein Holz auf den Estrich tragen wollte und kein Wasser vom Brunnen holen«.

37,18 *Raphael:* einer der Erzengel; die ironische Bezeichnung für den Helden entspricht den anderen biblischen Anspielungen (vgl. Anm. zu 25,31).

37,29 *diabolischen:* teuflischen, boshaften.

37,31 *Mirakels:* nach lat. »miraculum« ›Wunder, wunderbare Begebenheit‹.

39,4 *infam:* ehrlos, niederträchtig, unverschämt.

39,24 *Pfründe:* mit Einkünften verbundenes (Kirchen-) Amt.

39,31 *Gaukelei:* zu mhd. »goukeln« ›Zauberei treiben, Possen reißen‹; hier: verführerische Vorspiegelung, Vortäuschung.

41,11 *Schneuz:* Substantiv zu *schneuzen* (41,9 f.); nur bei Keller belegt. Der nasenreinigende Vorgang charakterisiert – wie die wenige Zeilen zuvor gegebene anatomische Erklärung des Schneuzvorgangs (vgl. 41,8–10) – einen erzählerischen Bruch mit der aufkommenden sentimentalen Stimmung. Während sich der Held romantisch zum Sterben bereit macht, findet das energische Nettchen seine Fassung durch den prosaischen *Schneuz* wieder, bevor Böhni seinen vermeintlichen Sieg auskosten kann.

42,34 f. *von was hangen sie ab?:* »abhangen«: ältere Form von »abhängen«.

43,36 *»Wenzel! Wenzel!«:* Die erstmalige Nennung des echten Namens des Helden durch Nettchen ist Signal für die Anerkennung seines tatsächlichen Status, als würde er mit dieser Nennung seines *Taufnamens* (43,35 f.) gleichsam neu geboren (vgl. Anm. zu 58,8). Erst hier beginnt also die eigentliche Bekanntschaft Nettchens mit dem echten Strapinski; insofern ist der Held für sie tatsächlich noch längere Zeit ein *fremder Mensch* (44,17).

44,4 *Nasenstüber:* Klaps, leichter Schlag auf die Nase (vgl. auch Anm. zu 58,11).

44,29 *Zinsherr:* Grundherr, dem man (Grund-)Zins zu zahlen hat.

45,7 *Gevatterin:* Taufpatin, auch in der Bedeutung: Tante, Freundin der Familie; weibl. Form zu »Gevatter«, nach ahd. »gifatero«, einer Lehnübertragung des kirchenlat. »compater« ›Mitvater‹ (in geistlicher Verantwortung).

46,13 *»Ich bin nicht ganz so, wie ich scheine!«:* Der Held spricht nicht bloß das Schein- und Sein-Thema der Novelle an. Zu beachten ist, daß Wenzel an seiner Person nur einen beschränkten Ausschnitt in Frage stellt (*nicht ganz so*), nicht seine Person als ganzes. Diese Antwort, die zudem nur auf Nettchens erste Frage *Wer sind Sie?* (46,11) gerichtet ist, veranlaßt deren genauere Nachfrage (s. 46,19–21). Während Nettchen also einem statischen Persönlichkeitsbild Wenzels auf die Spur kommen will, definiert sich dieser durch einen Entwicklungsprozeß (vgl. 46,22–28: *Es ist alles so gekommen, wie [...]*); erst dann sagt er, *wer er sei* (46,24).

48,26 f. *Residenz:* von lat. »residere« ›sitzen, sitzenbleiben‹, eigtl. der Sitz des Landesfürsten, dann allg. für Hauptstadt oder Regierungssitz gebraucht.

48,28 *Tagelöhner:* unterste Stufe der Arbeitskräftehierarchie; im Unterschied zu Knechten und Mägden (Landwirtschaft) und Gesellen (Handwerk) erhält der Tagelöhner täglich seinen Arbeitslohn, kann also auch täglich gekündigt werden.

49,16 f. *wer das Kind kenne, könne nicht mehr von ihm lassen:* Die Prophezeiung der Mutter erfüllt sich ja auch an Nettchen und weist noch einmal darauf hin, daß das glückliche Ende der Erzählung und das Schicksal des Helden nicht auf Zufall beruhen (vgl. Anm. zu 12,3). Hier scheint das Märchenmotiv der Auserwähltheit des Helden durch, auch wenn Wenzel dies in seiner Selbstinterpretation herunterspielt (s. 49,15–17).

49,23 *mir vor dem Glücke sei:* meinem Glück im Wege sei.

50,13 *Frauenzimmer:* urspr. Gemach der Frauen sowie die Gesamtheit der darin wohnenden weiblichen Personen; seit dem 17. Jh. auf die einzelne Person übertragen. Hier nicht (wie seit dem 19. Jh. üblich) abwertend gebraucht.

50,32 *im Abendschein über das Feld:* Die Abschiedszene aus der Kindheit des Helden, hier erzählchronologisch nachgetragen, nimmt das erlösende Treffen mit Nettchen (vgl. 43,15–44,10) voraus. Für beide Szenen ist das freie Feld und eine romantische Beleuchtung charakteristisch (vgl. *roter Schein*, 40,16; *mondbeglänzten Schnee*, 43,11). So wie die Eigenheit der Haarbewegung (*ganz so, wie jetzt bei Ihnen*, 51,23 f.) die beiden Kind-Frauen miteinander verbindet, so bleibt auch die Bildkonstellation des Ort- und Lichtarrangements in der Erinnerung haften (*so war es auch zuletzt auf dem Felde in jenem Abendglanze*, 51,26 f.).

51,32 *kokette:* eitle, selbstgefällige (von frz. »coquet« ›hahnenhaft‹).

52,21 *Keine Romane mehr!:* in mehr als einem Sinne das Ende des romanhaft-romantischen Lebenswandels des Helden (vgl. Anm. zu 27,4 f.). Der Erzähler unterstreicht diese Wandlung der Figuren und Geschehnisse, indem er auf jede romantisch-sentimentale Ausdeutung verzichtet und sich im folgenden eines nüchtern-referierenden Tons bedient.

52,28 *Und wie gesagt, so getan!:* Der direkte Bezug auf *Gesagt, getan* (10,22) ist offenkundig. Wie der Held sich dort in sein ihm von anderen aufgedrängtes Schicksal als Graf fügt, folgt er hier dem Willen (52,34) Nettchens. Nettchen entwirft Wenzels neues Lebensprogramm (vgl. 52,21–27), dem sich der Held zuerst schweigsam fügt und dem er sich erst langsam anpaßt (vgl. 52,29 f.: *Wenzel, der anfing seine neue Stellung einzunehmen*, 52,29 f.).

53,1–13 *In Seldwyla hielten sie vor dem Gasthause zum Regenbogen ... und überließ sie ihren erstaunten Beratungen:* Der Hinweis auf den *Regenbogen* bestätigt die vollendete Verwandlung des Helden (vgl. 26,24 f.: *Mit jedem Tage wandelte er sich, gleich einem Regenbogen*). In seiner Person angelegte Fähigkeiten (*da es in ihm gesteckt hatte*, 26,28) kombinieren sich mit den abgelauschten gesellschaftlichen Verhaltensweisen (*Er beachtete wohl die Sitten seiner Gastfreunde und bildete sie während des Beobachtens zu einem Neuen*, 26,29–31). Wenzel demonstriert nun seine – bisher durch Schüchternheit und Passivität gekennzeichnete – veränderte Haltung, wenn er sich selbstbewußt *in den Wilden Mann* begibt (wiederum ein sprechender Gasthausname): *und schritt stolz durch die dort ebenfalls noch hausenden Seldwyler hindurch.*

53,21 *ohne Anhalt:* ohne Aufenthalt, ohne anzuhalten. Die substantivische Formulierung kann jedoch auch im Sinn von ›ohne Anhaltspunkt‹ gelesen werden. Viele dieser scheinbar bloß veralteten Formulierungen Kellers dienen nicht nur zur Verstärkung einer distanzierten Erzählhaltung, sondern tragen in sich eine solche Doppel- oder gar Mehrdeutigkeit.

54,1 *desperate:* von lat. »desperatus« ›verzweifelt, hoffnungslos‹.

54,3 *Gebaren:* Verhalten, Benehmen; oft abwertend gebraucht für auffälliges, übertriebenes Verhalten.

55,20 f. *bis zum Austrag der Sache:* Die Formulierung parodiert in der indirekten Rede die Bürokraten- und Juristensprache des Rechtsanwalts.

56,11 f. *als ob Seldwyla ein neues Troja werden sollte:* Parallele der Rivalität zwischen Goldach und Seldwyla zum Kampf der Griechen um Troja. Nach Homers »Ilias« belagerten die Griechen zehn Jahre lang die kleinasiatische Stadt Troja, weil Helena, die Frau des Griechenkönigs Menelaos, vom Trojaner Paris entführt worden war. Keller ironisiert so das Verhältnis der Seldwyler und Goldacher, wenn er es den heroischen Momenten der griechischen Sagenwelt vergleicht. Zu erinnern ist dabei auch an die epische Homerrolle, in die sich der Erzähler spielerisch begibt, wenn er in der Vorrede zum zweiten Teil der »Leute von Seldwyla« behauptet: »Seit die erste Hälfte dieser Erzählungen erschienen, streiten sich etwa sieben Städte im Schweizerlande darum, welche unter ihnen mit Seldwyla gemeint sei«. Für die Heimatstadt Homers ist ein ähnlicher Streit griechischer Städte überliefert. – Vielleicht ist bei der früheren Charakterisierung Wenzels als *Jüngling am Scheidewege* (25,30 f.) in diesem Zusammenhang an Paris zu denken, so daß Nettchen, die er von Goldach nach Seldwyla entführt (vgl. 53,4 f.: *Ha, da haben wir eine Entführung!* und 53,16 f.: *Auch in der Stadt Goldach lief um die gleiche Zeit schon das Wort »Entführung!« herum*), die Rolle der Helena zufiele.

56,13 *Stadttambour:* von frz. »tambour« ›Trommel, Trommler‹, vor allem beim Militär; hier: der Ausrufer von Stadtnachrichten, der mittels einer Trommel auf sich aufmerksam macht.

56,14 *Spannschraube:* Schraube zum Spannen des Felles einer Trommel.

56,15 *Schlegel:* (Trommel-)Stock.

56,21 *Aufgebot:* öffentliche Bekanntmachung (meist durch Aushang) einer beabsichtigten Eheschließung.

57,2 *Advokat:* Rechtsanwalt.

57,6 f. *mit seinem wirklichen Namen Wenzel Strapinski ohne jede Zutat:* Der Anwalt bestätigt nach dem Helden, Nettchen und dem Erzähler (vgl. Anm. zu 43,36) auch juristisch die wahre Identität des Helden.

57,14 f. *mit ihren sogenannten Katzenköpfen:* So nennt man wegen der angeblichen Härte des Katzenschädels ursprünglich einen Schlag auf den Hinterkopf; dann besonders südwestdt. und schweiz. übertragen für ›kleines Geschütz, Böller‹.

57,18 *Nettchen:* Die Handschrift hatte ursprünglich: »Nettchen der Strapinska«. Die Streichung ist wohl vorgenommen worden, »um den Effekt des Fremdsprachlichen nicht durch Wiederholung [vgl. 58,8] abzuschwächen, um ihn vielmehr für den Schluß aufzusparen« (Fränkel; SW VIII, S. 446).

57,19 f. *Marchand-Tailleur:* von frz. »marchand« ›Händler, Kaufmann‹ und »tailleur« ›Schneider‹. Kennzeichnend ist, daß diese Berufsbezeichnung des Helden die Herstellung und den Verkauf der Kleidungsstücke miteinander verbindet. Wenzel kombiniert also die Händlertätigkeit mit seiner früheren Schneidertätigkeit; allerdings verrichtet er keine eigene Handarbeit mehr, sondern läßt die Kleider *kommen oder anfertigen* (57,32 f.). Der Schritt zum Zwischenhändler luxuriöser Konsumgüter mit überregionalen Handelsbeziehungen erhebt den Helden aus dem einfachen Wirtschaftssystem, wie es die Goldacher und Seldwyler pflegen. In der Kombination mit den *Spekulationen* (58,4 f.) wird aus dem Kaufmann Strapinski eine Gründerzeitfigur.

58,4 f. *so gute Spekulationen:* hier im ökonomischen Sinn: Geschäftsabschlüsse, die auf Gewinne aus zukünftigen Veränderungen der Preise abzielen. Von der Entstehungsgeschichte des Wortes her (Begriff der Mystik aus lat. »speculatio« ›hypothetische Gedankenführung‹) ist jedoch eine doppelte Bedeutungsebene mitzuhören. Bezeichnend ist ein Vergleich mit der Handschriftenfassung, die hier hat: »das Gut seiner Frau zu vermehren«. Die Änderung verdeutlicht, daß es Keller auf die Kennzeichnung eines härteren, ökonomisch orientierten Verhaltens (*Spekulationen*) sowie auf eine genauere Beschreibung des Gewinns (*verdoppelte*, 58,5 f., statt: »vermehrte«) ankommt. Vgl. auch die Vorrede zum zweiten Teil der »Leute von Seldwyla«, in der es heißt: »Es ist insonderlich die überall verbreitete Spekulationsbetätigung in bekannten und unbekannten Werten, welche den Seldwylern ein Feld eröffnet hat, das für sie wie seit Urbeginn geschaffen schien [. . .].«

58,8 *die Strapinska:* ironisierende Nachbildung der Gewohnheit in slawischen Sprachen, durch eine Endung des Familiennamens auf »-a« die Ehefrau des Namensträgers zu bezeichnen. Die Form ist sicherlich in einem doppelten Sinn verwendet, einmal als Anspielung auf die polnische Grafenvergangenheit des Helden, dann als – ebenfalls ironischer – Beleg für die entwickelte Selbstsicherheit Wenzels, der das energische Nettchen jetzt nur noch als Anhängsel mit sich führt.

58,11 *Stüber:* rheinisch-westfälische Scheidemünze von geringem Wert (von ndl. »stuiver«). Zudem ist in der Münzbezeichnung eine Anspielung auf den *Nasenstüber* Nettchens enthalten (vgl. Anm. zu 44,4).

II. Varianten

Zu »Kleider machen Leute« existieren keine Vorstudien, sondern lediglich das dem Erstdruck zugrunde liegende Manuskript, dessen Varianten im folgenden nach dem Abdruck durch Jonas Fränkel (SW VIII, S. 444–446) wiedergegeben werden. Zuerst erscheint – mit Seiten- und Zeilenzähler der Reclam-Ausgabe versehen – die endgültige, dann die verworfene Fassung; im Zuge der Niederschrift Gestrichenes erscheint in eckigen Klammern, Zusätze Jonas Fränkels kursiv.

5,22 die Hammelskeule] den Rehbraten *in der Korrektur geändert; ebenso 6,25*
8,3 Dort] Aber da er [seit zwei oder drei Tag*en*] in jüngster Zeit ziemlich gefastet, so fühlte er nicht die mindeste Anreizung, dem Orte seine Ehre angedeihen zu lassen, vielmehr
8,9 f. weil ... verweilte] indem er so lang in dem verschlossenen Raume verweilte als gewöhnlich ein Mensch dort zu bleiben pflegt
8,21 Stammschlosses] Grafenschlosses
9,14 schwören ... wäre] Gift nehmen
11,9 f. Kapitelsherren] *zuerst:* adeliche Herren *hierauf:* Stift
13,30 f. Kompagnon] Bruder *im Hinblick auf 13,27 geändert*
13,34 dortige Prokurist] Consul
14,32 Dienste] Stalldienste
14,33 Husaren] preußischen Husaren als Regimentsschneider
20,11 einige ... Polnischen] vier Monate im Herzogthum Posen
20,14 *nach* Papagei*:* [; es war ihm um den fremden Klang zu thun gewesen, als er dergleichen]
20,24 ja Kathinka] diese Kuhhaut
21,9 einem schönen Teppich] dem Parketboden
22,9 Toilettenwerkzeug] Sonntagswerkzeug
26,29 Farbenwesen] Strahlenbrechungsvermögen
27,34 fremden] norddeutschen
29,6 *nach* sei*:* [für] auf zwei Wochen
30,19 Pianisten] Violinspieler
30,35 *fortfahrend:* Wissen Sie was, Herr Graf, wenn Sie zu Hause oder wo Sie hin wollen, etwa nicht allzuviel zu beißen haben sollten, so kommen Sie alsdann hieher, wir wollen Ihnen zu einem Auskommen zu verhelfen suchen, dann heißt es aber Herr und Frau Strapinski und damit Punktum!«

31,36 grünem] schwarzem
32,1 Schnüren] Goldschnüren
32,4 *nach* Schneeglanz*:* [, ohne zu verhindern, daß]
32,20 f. der Teich Bethesda] *zuerst:* das Thal Josaphat *hierauf:* der Brunnen Rogel
34,7 Prälaten] Mönche
Stiftsdamen] Nonnen
35,13 Sternen] Verlobten
35,29 f. heroisch] romantisch
37,8 f. wegen ... mir.] meiner Frau kein Holz auf den Estrich tragen wollte und kein Wasser vom Brunnen holen.
37,31 *vor* Erklärung*:* [nüchterne]
39,22 nimmt] stiehlt
39,25 *nach* ein*:* [hohler] dünkelvoller [Gelehrter] Lehrer
39,33 *vor* Schwindler*:* [Geschäftsmann]
40,2 *vor* Wohlseins*:* [guten Appetites]
41,2 f. *vor* indem*:* [nach ihren Sachen] [ungewiß, in welcher Richtung sie sich bewegen sollte. Zwei Freundinnen]
43,14 *nach* Körper*:* [sich deutlich im Lichte zeichnete.]
43,25 *nach* Leib*:* [in halber Erstarrung, das bleiche Antlitz selbst]
44,2 *nach* her*:* [umhalste ihn]
44,3 *nach* Gesicht*:* [küßte ihn]
44,11 *nach* blickte*:* [träumerisch]
44,12 *nach* stehen*:* [, die] [, ohne zu ahnen, daß sie ihn soeben geküßt hatte]
47,5 *nach* Nettchen,*:* [ebenfalls errötend, indessen]
50,4 *nach* dieses*:* [melancholisch]
50,16 *nach* kam*:* [bin ich in meinem Leben nie geküßt worden, nein, und ich ich habe]
52,15 zeigen] zu ihrem Ärger zeigen
52,24 *nach* sein!*:* [Hilf mir nur beweisen, daß]
52,26 Menschen] Schlingel
53,1 Gasthause] Regenbogen
54,19 *fortfahrend:* Und wenn das auch nicht
55,8 *nach* brachte.*:* [Wenzel kam dazu, dessen bescheidenes und ehrerbietiges Benehmen, indem er] [Der Rechtsanwalt kam herbei]
56,10 *nach* um*:* [den Seldwylern die Köpfe zurechtzusetzen]
57,18 *nach* Nettchen*:* [der Strapinska]
57,27 veilchenfarbigen] *zuerst* rothen *hierauf* violetten
57,29 *vor* goldenen*:* [gelb]
58,4–6 so ... Jahren] das Gut seiner Frau zu vermehren, so daß er nach zehn Jahren

Neben rein stilistischen Verbesserungen lassen sich drei Intentionen ausmachen, die Keller bei den Änderungen des Manuskripts geleitet haben könnten. Das folgende Urteil des Herausgebers der »Sämtlichen Werke«, Jonas Fränkel, gilt daher nur für einen kleinen Bereich: »Die Lesarten der Handschrift, zumal im ersten Teil, lassen beobachten, wie der Dichter Mühe hatte, den Ausdruck aus der Sphäre der Buffa, in der ihm das Motiv des Schneidergrafen aufgegangen war, auf literarisches Niveau zu heben.« (SW VIII, S. 444.) In einem weiteren Bereich lassen sich darüber hinaus Abänderungen feststellen, die man summarisch als Tilgung der preußischen Bindungen der Heldenfigur bezeichnen könnte; so ist z. B. Wenzels Aufenthalt »zwei Monate im Herzogthum Posen« (damals zu Preußen gehörig) geändert in *einige Wochen im Polnischen* (20,11). Auch daß Keller noch bei der Niederschrift schwankte »zwischen den Namen Julian und Wenzel für seinen Helden« (Fränkel; SW VIII, S. 444), sich schließlich jedoch für den Namen slawischer Herkunft entschied (vgl. Anm. zu 12,2 f.), weist in diese Richtung. Die Änderungen des Manuskripts legen die Vermutung nahe, die Heldenfigur von »Kleider machen Leute« sei ursprünglich im preußisch-polnischen Militärmilieu angesiedelt gewesen. Aufgrund der aktuellen politischen Ereignisse während der Niederschrift, des polnischen Freiheitskampfes 1863/64 und der Schweizer Verfassungsrevision von 1869 (vgl. Kap. III,2), könnte Keller seine ursprüngliche Intention geändert haben. Dies ließe auch in Kellers Stichwortplan von 1857 für seinen Novellenzyklus den Keim für »Kleider machen Leute« in der Nr. 2 vermuten, zumal das dort genannte Erzählmotiv – im Unterschied zu allen übrigen der Liste – im Seldwyla-Zyklus nicht nachzuweisen ist. »2 Wie der König von Preußen einen Seldwyler solid macht.« (SW VIII, S. 439.) Der dritte Bereich der Textänderungen läuft – vor allem in den Kürzungen – auf eine Steigerung und Verschärfung der grundsätzlichen Konflikte der Handlung hinaus. Dies gilt zum einen für die empfindsamen Szenen zwischen Wenzel und Nettchen, deren Trivialität und Sentimentalität gedämpft wird. Dahinter steht eindeutig die Absicht Kellers, seinen Helden positiver und weniger als parodierte Figur trivialromantischen Erzählens darzustellen. Verschärft wird andererseits die Ausrichtung der Handlung auf die ökonomische Realität der 60er und 70er Jahre des 19. Jh.s (vgl. dazu Anm. zu 37,8 und 58,4 f.). Die Folgen dieser Textänderungen für die Interpretation der Novelle in Bezug auf die zeitgeschichtlichen Ereignisse und die kritischen Intentionen Kellers sind offenkundig.

III. Zur Entstehungsgeschichte

Die fehlenden Vorarbeiten für die Erzählung (vgl. S. 33) bestätigen in einem übertragenen Sinn den Titel »Kleider machen Leute«, daß nämlich erst im Einkleiden von Stoff und Motiven, also im Erzählen, die Figuren der Geschichte entstehen. KELLER hat sich zu diesem Erzählprinzip unmittelbar nach der Vollendung des ersten Teils der Seldwyla-Erzählungen bekannt:

»Ich habe einige meiner Sachen vorn angefangen und in einem Zuge zu Ende gebracht – [. . .] – andere begann ich irgendwo und sah dann zu, wie ich weiter kam. Im allgemeinen wußte ich nie etwas mit Sicherheit vorher als den Schluß und danach habe ich mich natürlich eingerichtet. Das Beste fällt mir immer erst über dem Schreiben ein.«

Adolf Frey: Erinnerungen an Gottfried Keller. 2. erw. Aufl. Leipzig: Haessel, 1893. S. 40.

1. Stoffliche und literarische Quellen

Mit dem literarischen Motiv des Hochstaplers hat Keller einen der ältesten Stoffe der europäischen Literatur aufgegriffen, wie er z. B. auch in Daniel Defoes »Moll Flanders« (1722), Johann Nestroys »Der Talismann« (1840), aber auch noch in Frank Wedekinds »Der Marquis von Keith« (1900) und Thomas Manns »Felix Krull« (1954) steckt. Engt man diesen weiten Stoffkreis auf die Figur des mehr oder weniger unfreiwilligen Hochstaplers ein, so finden sich immerhin noch Parallelen in so bekannten Werken wie Nikolaj Gogols »Revisor« (1836) oder Carl Zuckmayers »Der Hauptmann von Köpenick« (1930):

»Die zur Verfolgung eines betrügerischen Zwecks eingeübte Vortäuschung eines Andersseins setzt die komödiantische Fähigkeit zu solcher Vortäuschung voraus und ergibt die innere Dialektik des Hochstaplers als literarischer Figur. Diese erhält einen spielerischen

Reiz, der ihr einen Teil des Verbrecherischen nimmt oder es zum mindesten in einem freundlicheren Licht erscheinen läßt. Durch die Mannigfaltigkeit seiner Masken und seine rasche Reaktions- und Anpassungsfähigkeit bekommt der Hochstapler in der Literatur einen geradezu schöpferischen Zug, seine gespannte Aktivität, der Maskenwechsel oder der zum Schutz der Maske nötige Ortswechsel wirken als Handlungsimpulse. Des Hochstaplers Spaß an der Verwandlung, der sich in der Wahl gerade dieses Betrugsmittels äußert, kann bis zur Selbsttäuschung gehen, das Ich-Bewußtsein wird infiziert, und der Betrüger glaubt streckenweise an seine Identität mit der angenommenen Rolle. Die Bevorzugung eines höheren oder für besser gehaltenen Standes dient nicht nur der Erleichterung des Betruges, sondern deutet möglicherweise auf eine geheime Sehnsucht hin, diesem Stand anzugehören, die der Hochstapler nur auf dem Weg des Betruges verwirklichen zu können glaubt. Oft sind die Hochstapler in der Literatur Ausnahmemenschen, deren verdrängte Wünsche ihnen etwas Tragisches oder doch Tragikomisches verleihen. Sie können die wirklichen Angehörigen der erstrebten Schicht in den dieser zugeschriebenen Qualitäten übertreffen. Voraussetzung und zugleich Gegenspieler des Hochstaplers ist immer eine etablierte und in ihrer Geltung anerkannte soziale Gruppe, die entweder selbst der Maske des Hochstaplers erliegt oder deren Abhängige und Bewunderer dem von ihm okkupierten Nimbus erliegen. Infolgedessen kann die gesellschaftliche Maske des Hochstaplers auch satirische und parodistische Funktion haben, da hier ein Unbefugter die Rolle des Angehörigen einer privilegierten Schicht täuschend nachahmt und dadurch die Werte dieser Schicht in Frage stellt. Im Unterschied zum Picaro, der eine passive Lebenshaltung hat, ist der Hochstapler berechnend und zielbewußt, doch sind die Grenzen zwischen beiden Typen verwischbar. Das Abenteuerhafte ist Voraussetzung des Hochstaplerischen, auch wenn keinesfalls jeder Abenteurer ein Hochstapler ist.«

Elisabeth Frenzel: Motive der Weltliteratur. Ein Lexikon dichtungsgeschichtlicher Längsschnitte. Stuttgart: Kröner, [2]1980. S. 373.

Paul Wüst ist den Motivverästelungen von »Kleider machen Leute« nachgegangen und hat eine Reihe möglicher literarischer Vorlagen zusammengestellt, um damit die Entstehungsgeschichte der Novelle aufzuhellen. Seine Liste reicht vom Doppelgängermotiv bei E. T. A. Hoffmann über

Schiller bis zu Shakespeare zurück. Ergiebiger wird die Zusammenstellung, wenn man sich an literarische Schneiderfiguren hält, die mit dem Verwechslungs- und Entlarvungsmotiv kombiniert sind. Solche Motivähnlichkeiten zu Kellers Erzählung zeigen nach Wüst Ludwig Tiecks Erzählung »Merkwürdige Lebensgeschichte Sr. Majestät Abraham Tonelli« (1798), Achim von Arnims »Fürst Ganzgott und Sänger Halbgott« (1818) und August Langbeins »Die schwarze Spinne« (1821). Ebenso ist zu denken an das Grimmsche Märchen vom »Schneider im Himmel« (KHM 35) oder Clemens Brentanos »Märchen vom Schneider Siebentot auf einen Schlag« (1846). Sehr viel deutlichere Parallelen finden sich in WILHELM HAUFFS (1802–27) Roman »Der Mann im Mond« (1826), einer Parodie auf den populären Schriftsteller Heinrich Clauren, und seinem »Märchen vom falschen Prinzen« (1825):

»Der Schneidergeselle Labakan arbeitet in Alessandria; oft sitzt er starren Blicks da, und die anderen sagen dann: er hat wieder sein vornehmes Gesicht. Feiertags durchwandelt er in einem zusammengesparten schönen Kleide stolz die Straßen und nickt Bekannten gnädig zu, so daß der Meister spöttisch sagt: An dir ist ein Prinz verloren gegangen, was der Geselle selbst glaubt. Ein Prinzenkleid gerät in die Werkstatt und wird sein Schicksal. Er zieht es an und fühlt sich als Prinz: ›Mit den Kleidern schien der Geselle eine ganz königliche Gesinnung angezogen zu haben; er konnte sich nicht anders denken, als er sei ein unbekannter Königssohn, und als solcher beschloß er, in die Welt zu reisen und einen Ort zu verlassen, wo die Leute bisher so töricht gewesen waren, unter der Hülle seines niederen Standes nicht seine angeborene Würde zu erkennen. Das prachtvolle Kleid schien ihm von einer gütigen Fee geschickt.‹ Mit geringer Barschaft wandert er nachts davon. Der prächtige Anzug und sein ernstes majestätisches Wesen schienen gar nicht zu passen für einen Fußgänger. ›Wenn man ihn darüber befragte, pflegte er mit geheimnisvoller Miene zu antworten, daß das seine eigenen Ursachen habe.‹«

Paul Wüst: Entstehung und Aufbau von »Kleider machen Leute«. In: Mitteilungen der literarhistorischen Gesellschaft Bonn 9 (1914) H. 4/5. S. 105.

Alle genannten Texte belegen – wie auch der eben zitierte – weniger die literarische Abhängigkeit von »Kleider machen Leute« als vielmehr die Verbindung der Novelle zu dem literarischen Umfeld romantischer Motive und Stofftraditionen, die von Keller bewußt zitiert werden. Insofern ist es charakteristisch, daß der Erzählung zwar ein historisches Ereignis zugrunde liegt, das jedoch erst in literarischer Vermittlung hat wirken können:

»Nach dem Städtchen Winterthur im Kanton Zürich, das nordöstlich von der Hauptstadt jenseits des Zürichberges liegt, kam in den dreißiger Jahren der polnische Graf Sobansky mit Familie, der nach Niederwerfung des Polenaufstandes wie viele seinesgleichen unter Verlust seiner Güter hatte in die Schweiz flüchten müssen – einer der Kilchberger Nachbarn C. F. Meyers, Graf Ladislas Plater, hat auch zu ihnen gehört und das Polenmuseum zu Rapperswyl am oberen Zürichsee begründet. Sobansky kaufte die Kyburg und verkehrte, übrigens bescheiden hausend, mit den Winterthurern, die ihre republikanische Verfassung nicht hinderte, sich dadurch geschmeichelt zu fühlen. Da erschien bei dem Grafen ein junger Mensch, der sich als Sohn eines ihm befreundeten badischen Grafen Normann leidlich auswies und behauptete, wegen eines Duells aus Freiburg geflohen zu sein, weshalb man seinen Aufenthaltsort seiner Familie nicht schreiben dürfe. ›An den keineswegs feinen Manieren des jungen Herrn nahm man keinen Anstoß, sondern schrieb sie der gemischten Gesellschaft zu, in der er in Freiburg verkehrt haben mochte.‹ Den Kleinstädtern war der zweite Graf auch hochwillkommen: er führte einst eine hochgestellte Winterthurer Dame am Arm ins Konzert, wobei ihm das Mundstück einer Tabakpfeife aus der hintern Tasche hervorguckte: ›Das war zwar in Winterthur nicht gebräuchlich, einem Grafen aber wohl zu verzeihen‹ – die Wahrheit der Hauffischen Satire vom *Jungen Engländer* zeigte sich wieder einmal. Als der Winter kam, lieh sich der junge Graf eines Tages von einem Bekannten Pferd und Schlitten zu einer Fahrt nach Zürich, von einem andern Geld und glitt los, in der Tasche überdies eine beschädigte goldene Uhr, die er der Besitzerin zu einem Zürcher Uhrmacher zu bringen versprach. Gleich vor der Stadt warf er um; den Leuten, die ihm wieder aufhalfen, ließ er einen Trunk reichen: er werde bei seiner Rückkehr am Abend zahlen. Roß und Lenker sah man niemals wieder. Pferd und Schlitten hatte er in Basel verkauft und war dann nach Verübung etlicher Betrügereien ins

Elsaß geflohen, wurde aber ausgeliefert: er entpuppte sich als ein von jenem badischen Grafen fortgejagter Jägerbursche. Die Winterthurer verklagten ihn nicht.«

Ebd. S. 83 f.

Dieses Ereignis hatte schon recht bald durch den Junghegelianer Arnold Ruge (1803–80) eine literarische Verarbeitung gefunden:

»Wädenswyl ist ein reiches und nicht unfeines Städtchen, es hieß in jenen Jahren wohl *Klein-Paris* und war nicht ohne aristokratische Gelüste bei im übrigen gut liberaler und republikanischer Denkart. Kein Wunder, daß Gräfin und Graf von Stechenheim, Mutter und Sohn, die da angereist kamen, durch ihr feines und nicht knauseriges Auftreten bald von den Wädenswyler oberen Fünfzig gern gesehen wurden. Der Graf zuerst von den Herrn, mit denen er schoß, ritt, spielte, tanzte und Sekt trank; die gesetztere Gräfin fand Anschluß in Familien, die dann ihre Arme auch bald dem Sohne öffneten, ›und die Republikanerinnen waren nicht so inhuman, seine Artigkeiten zurückzuweisen, im Gegenteil, sie hatten vielleicht die Schwäche, den Grafentitel nicht ungern zu hören und auszusprechen . . ., denn was ist hübscher als gebrannte Locken, eine silberbesponnene Gerte mit goldenem Pferdefuße drauf, eine viereckige, goldene Lorgnette ins linke Auge gekniffen, ein feines Bärtchen an der Oberlippe, ein Frack à la Pompadour und ein Graf darin, der mit Geist über Paris und London, über Literatur und Diplomatie spricht? Der junge Graf war liebens w ü r d i g und – er wurde geliebt.‹ Doch die Scheidestunde schlug, die Gräfin reiste ab. ›Der junge Graf wollte noch einige Tage bleiben, es waren noch allerlei Lustpartien unter den jungen Leuten verabredet, und er hatte alle zum Schluß in seinen Gasthof geladen, um sie dort zum letztenmal zu bewirten . . . Alles bewunderte die Anordnungen des Grafen und die Bedienung des Wirts. Man war noch einmal sehr vergnügt, vor allen der Wirt, indem er eine zierliche Note über die ganze Zeit des Aufenthalts der gräflichen Familie und über diesen glänzenden Abschiedsschmaus neben das Kuvert seines Gönners legen durfte.‹ Über der Tafel wurde der Graf mit seinem Glück bei den Damen geneckt: ob er wohl eine Auserwählte habe? Er wolle sie ins Vertrauen ziehen, noch ehe er abreise, erwiderte der Graf: er werde nunmehr auf sein Zimmer gehen und Abschiedsgeschenke für alle anwesenden Freunde holen. Es verstrich ein Weilchen, man lachte, trank und riet. ›‚Er ordnet die Geschenke‘, sagte der Wirt, als der Kellner mit einem zierlichen Kästchen hereintrat, dessen Schlüssel er in versiegeltem Briefchen gerade dem Herrn übergab, der für den künftigen Schwager des Grafen galt. Er rief: ,Wie artig! Mit dem Siegelring, den ich ihm heute morgen lieh, hat er das Briefchen gesiegelt.' Das Kästchen ging auf: ,Nach den Unterschriften auszuteilen!' gebot ein Umschlag, dann folgten Damenbriefe und aber Damenbriefe an den Grafen. ,Das ist die Hand meiner Schwester!' ... ,Das die der meinigen.' ... ,Erlauben Sie mir jenen Brief!' ... ,Lassen Sie mich nur das Siegel sehen!' scholl es durcheinander. ,Himmel und Hölle!' rief der Wirt in jäher Erleuchtung, ,wenn wir nur nicht alle gepr. ...' – er sprach nicht aus und sagte leise zu dem Kellner: ,Lauf geschwind zu Herrn Alt-Regierungsrat Z. und schließ dich an den Herrn Grafen an, wenn er dort ist.'‹ Aber er war nicht dort. Auf dem Boden des Kästchens lag ein Zettel von ihm:

›O Wädenswyl, o Wädenswyl,
Dem Grafen trautest du vielzuviel!‹

›,Ein Pferd, ein Pferd!' jammerte der geprellte Wirt. ,Eine Grafenkrone für ein Pferd!'‹ rief ein Witzbold. ›Der Wirt war außer sich, die Gesellschaft in der Auflösung, fast schien es, als würde alles in der unangenehmsten Disharmonie zerfahren.‹ Allein der Tischälteste mahnte, es sei ihnen recht geschehen, sie wollten still die Rechnung des schnöden Grafen gemeinsam bezahlen. ›Verurteilen wir unsern Wirt für seinen guten Glauben zu dem Verschwundenen nur in die gelinde Strafe, daß er immer, wenn wir bei ihm tafeln und trinken, ein überflüssiges Kuvert offen halte für Banquos Geist oder wer ihn zu ersetzen den Mut findet.‹ Graf und Gräfin wurden an der Kantonsgrenze ergriffen: sie eine Schauspielerin, er ein Garderobenschneider.«

Ebd. S. 87 f.

Eine wenige Seiten umfassende Geschichte mit dem Titel »Der Schneidergeselle, welcher den Herrn spielt« aus dem »Bündner Kalender für das Jahr 1847« zieht Wüst vor allen Dingen deshalb heran, weil Keller vermutlich selbst Beiträger zu diesem Almanach war. (Der darin enthaltene Text »Die mißlungene Vergiftung« – mit »K.« gezeichnet – ist möglicherweise von Keller.):

»Da mußte es den Wädenswylern schwül werden, wenn sie hörten, daß in dem *Bündner Kalender für das Jahr 1847* dritthalb Seiten standen mit dem Kopf: ›*Der Schneidergeselle, welcher den Herrn spielt*‹. Der Drucker des Kalenders in Chur und Keller verabredeten auf dessen Graubündner Reise im Sommer 1846 einen Beitrag, eine ›Dorfgeschichte‹. Bächtold meinte, das sei wahrscheinlich eben jene nicht unterzeichnete Schnurre. Die Wädenswyler brauchten nichts zu fürchten: sie kann höchstens als Einleitung und Vorgeschichte ihres Schneiderabenteuers gelten.

Im heißen Sommer 1846 wanderte ein Berliner Schneiderlein aus Zürich nach Basel oder Schaffhausen zu, es ging ihm schlecht, und er guckte wehmütig ›unter dem Schüchleder seiner blutroten Studentenkappe‹ hervor; doch zwang er sich zur Munterkeit, ›drehte im Gehen den Schweiß aus den sieben Haaren, welche seinen martialischen Bocksbart formierten und sang. ›Plötzlich hört er's rollen und klatschen, erblickt er erst eine dicke Staubwolke, dann, im Näherkommen, vier stolze Pferde, die eine Staatskarosse ziehen, und einen Kutscher, der die Riesenpeitsche schwingt, und dann wieder, wie eine Angelrute, sie glatt ausstreckt, als wolle er im Trüben fischen. Ach, fingst du mich, denkt das Schneiderlein. Wie gern wollte ich in deinen Fischkasten! Damit nimmt er einen desperaten Sprung auf die Seite, denn die Rosse sind ihm fast auf den Fersen.‹ Er will betteln, aber ›der Wagen ist leer, wie mancher Regentenkopf‹. Doch hält der Kutscher und sieht sich nach dem Humpelnden um: ›‚Seid Ihr ein Schneider?' ‚Ich bin ein Kleidermacher, Serviteur!'‹ erwidert der Stolze. Der Kutscher nimmt ihn mit, nachdem er ihm die zerrissene Hose geflickt hat. ›Der Bruder Berliner stieg selig in den Bauch des Staatswagens, welcher am Tage vorher zwei Tagherrn eingeschlossen und gen Zürich spediert hatte. Kaum saß das Schneiderlein in den weichen Kissen, so kam der Geist der Eitelkeit über ihn. Daß dieser Geist noch, als Nachlassenheit der beiden Staatsmänner, in den Polstern gesteckt habe, ist nicht glaublich, sintemalen er den Herren in Zürich beim Auspacken nicht fehlte.‹ Der Berliner ›machte eine hübsche Rosette ans fadenscheinige Halstuch, unterdrückte mit starker Hand ... die rostgelben Vatermörder‹ usw. ›Dann lehnte er sich zurück, rundete die Unterlippe zu einer stolzen Wurst, blies die Naslöcher auf wie ein Walfisch und machte Augen – so hochmütig und unzufrieden, als wäre er ein geborener Junker oder ein übersättigtes Kirchenlicht.‹ Wird er angebettelt, so macht er es, wie man es ihm bisher gemacht hatte, er grunzte vornehm. In einem Dorfe wird gehalten: drei Handwerksgesellen betteln ihn an und wollen über den ›herrelnden Geißbock‹ herfallen, als er sie abweist, doch tut er seine Armut so drastisch dar, daß sie ihn noch beschenken: ›Da sind ein Paar Socken ... damit du die einzige Barschaft, die du hast, deine baren Füße, in etwas schonen kannst.‹ Der Kutscher fährt mit dem berlinisch singenden Schneider weiter. Hier bricht die Schnurre ab. Es folgt ein Geschichtchen in Versen vom ›*Rettenden Schneider*‹, der die Feinde von der belagerten Vaterstadt dadurch vertreibt, daß er in einer Bockshaut auf dem Wall spaziert.«

Ebd. S. 92 f.

Vermittelt über diesen Bündnerkalender oder auch direkt mag der 1. Teil von FRANZ VON GAUDYS (1800–40) »Aus dem Tagebuche eines wandernden Schneidergesellen« (1836) als Vorlage gedient haben:

»Wahrscheinlich hat zu dem Kutschenabenteuer der erste Teil von Franz von Gaudys *Tagebuch eines wandernden Schneidergesellen* Gevatter gestanden, dessen Held auch ein Berliner Schneider ist. Ein in Italien reisender Deutscher, ›welcher einen dunkelblauen Karbonarimantel mit schwarzem Samtkragen recht verwogen über die Schulter geschwenkt‹ trägt und ›recht patzig und heroisch aussieht‹ – ein fast Strapinskischer Aufzug –, läßt ihn auf dem Rücksitz mitfahren, weil der ›Bekleidungskunstassessor‹ ihm die zerrissene Hose flickt, ihn Baron, Durchlaucht und dergleichen betitelt. Der Postillon knallt, die vier Pferde ziehen an, und eine herrliche Reise beginnt, die sich der Schneider noch dadurch würzt, daß er das Handwerksburschenelend seiner Fußwanderungen sich vergegenwärtigt und nun seinerseits die Bettelnden hochmütig behandelt: ›Mutterseelenallein saß ich auf dem weichen gepolsterten ... Sitz und durfte meine Beine bald zur Rechten, bald zur Linken herunterbaumeln lassen, und mit untergeschlagenen Armen das Fußgängerpack recht protzig von oben bis unten ansehn, und die Augen dabei mit vornehmer Manier zukneifen ..., so saß ich stolz und trutziglich in meinem Kabriolett, schaukelte mich in den Federn und bedünkte mich was Rechtes.‹ Es geht an Gärten und Grafenschlössern vorbei, und in Vicenza fahren sie bei einem stattlichen Gasthof vor, wo der Schneider in der unteren Halle auf Kosten seines Gönners eine flotte Zeche macht. Nach einiger Zeit wird er es überdrüssig, mit einem zu reisen, der sich Durchlaucht und fürstliche Gnaden nennen läßt, es aber nicht ist, denn der Schneider besitzt ›höhere Geistesgaben‹ und lehnt es später auch ab, Bedienter zu heißen: ›Ich, ein Schneider, ein Mann von Bildung – Inhaber vielseitiger Kenntnisse ... nein ...

nimmermehr!‹ Das Vornehmtun hat er mit dem Zunftgenossen im Kalender und dem Helden von Wädenswyl gemein.«

Ebd. S. 93 f.

Schließlich weist Wüst auf die 1862 erschienene Novelle »Das erfüllte Versprechen« des Schweizer Erzählers Jakob Frey (1824–75) hin, mit dem Keller seit 1859 bekannt war:

»Gevatter Schneider und Handschuhmacher des kleinstädtischen Bern jener Zeit sind durch den Eintritt eines jungen, fremden Herrn in Aufregung gebracht, ›von so durchaus vornehmem Aussehen, daß der Torwart sich gar nicht getraute, ihn ... zu befragen. Das muß wenigstens der Abgesandte einer fürstlichen Hoheit sein, hatte er gedacht, wenn es nicht eine solche erlauchte Person selbst ist, die sich das Vergnügen macht, allein zu reisen, oder deren Gefolge erst nachkommen wird.‹ Die beiden vornehmen Gasthäuser *Zur goldenen Sonne* und *Zum Distelzwang* verschmähend, lenkt der Fremde erst zur Zunftherberge der Haarkräusler, dann zum bescheidenen *Anker*, wo er sofort von einem neugierigen Schneider belauert wird, der ihn, wie der Wirt und alle Welt, mindestens für einen deutschen Grafen hält. Die Gaststube füllt sich mit wißbegierigen Gästen, die herumraten, ›was wohl den fremden Prinzen auf so seltsame Weise nach einer löblichen Stadt Bern geführt haben möge‹. Allein sein schönes Pferd ist gemietet und wird wieder abgeholt, und der Geheimnisvolle tritt einfach bei einem Haarkräuslermeister als Geselle ein. Jener Standesherr, der Oberst, hält ihn nicht für einen Verschwörer und legt seiner Tochter Julie, die auch schon von dem ›verzauberten Prinzen‹ vernommen hat, nahe, diesen auszuhorchen, wenn er zum Frisieren erscheine, was sie jedoch von sich weist. Sofort beim Eintreten des schönen jungen Mannes mit seinen dunklen Haaren und Augen, seinen edlen Umgangsformen macht er Eindruck auf sie: ›Dem Stande, den er angibt, kann er nicht angehören, darin ist er weder erzogen, noch dafür geboren.‹ Während er ihr Haar ordnet, fragt sie aus sich allerlei: er hat seine Heimat Köln erst vor einem halben Jahre verlassen und auch damals erst sein Handwerk gelernt: ›Kommt es mir doch selbst manchmal vor wie ein Traum ... ein dunkler, schwerer Traum.‹ Julie fühlt, ›daß noch ein Schritt weiter sie an die Entschleierung eines schmerzvoll empfundenen Unheils führen würde‹. Als der Haarkräusler fortgeht, lieben sich die beiden schon im stillen. Der Oberst hält ihn unten im Hause an und sucht ihn zum Kriegsdienste für die Stadt zu werben: ihm öffnet Theobald seine Vergangenheit. Er ist eines Türhüters Sohn, mit einem jungen Edelmanne erzogen, hatte aber den Jugendfreund und Wohltäter durch einen unglückseligen Zufall erstochen und darum auswandern müssen. In Julien wirkt die einmal gefaßte Neigung weiter, zunächst ohne daß sie das Geheimnis kennt; nur daß eins besteht, erfährt sie, und als sie es erfährt, steht ihre Liebe nur um so fester.«

Ebd. S. 111–113.

2. Historische Anregungen

Strapinskis angebliche polnische Staatsangehörigkeit sowie zahlreiche Anspielungen auf diese vermeintliche Herkunft, all das bezeugt den bedeutsamen Hintergrund, den die Geschichte Polens für »Kleider machen Leute« bildet. Die polnischen Teilungen (1772, 1793 und 1795) und erst recht das seit 1815 mit Rußland durch Personalunion verbundene sogenannte Kongreßpolen hatten das Land offensichtlich zum Spielball europäischer Territorialpolitik gemacht. Die sich daraus entwickelnde polnische Nationalbewegung und die sich vor allem in Paris konzentrierende Emigrantenkultur – man denke etwa an den Dichter Adam Mickiewicz oder an Frédéric Chopin – konnten auf die Sympathie des gesamteuropäischen Bildungsbürgertums zählen, ohne allerdings die politische Unterstützung der europäischen Regierungen zu erhalten. Das zeigen die erfolglosen polnischen Aufstände (1794, 1830/31, 1846, 1848), die von Rußland mit Duldung der anderen Großmächte jedesmal blutig niedergeschlagen wurden. Im Januar 1863 – während Kellers Planung eines zweiten »Seldwyla«-Teils – erhoben sich die Polen erneut. Adam Lewak faßt den Verlauf dieses polnischen Freiheitskampfs zusammen:

»Die politischen und religiösen Verfolgungen seitens der Regierung im russischen Teil Polens, das Erwachen der nationalen Idee seit der Vereinigung Italiens und die Hoffnung auf Hilfe Napoleons III. riefen in Polen im Jahre 1861 und 1862 Demonstrationen politischen und religiösen Charakters, die 1863 zum Aufstand führten. Dessen direkte Ursache war die geplante, gesetzwidrige Rekrutierung der revolutionär gesinnten Jugend. Die polnischen Patrioten flohen in die Wälder und in der Nacht vom 22. auf den 23. Januar brach die allgemeine Erhebung aus. Der Guerillakrieg, der über 1200 Schlachten und Gefechte aufwies, dauerte vom Januar 1863 bis in den April 1865. Die bekanntesten polnischen Führer waren Diktator Langiewicz, Traugutt und Hauke-Bossak. Zugunsten Polens intervenierten am 10. April 1863 Oesterreich, England und Frankreich, unterstützt am Petersburger Hof durch die Gesandten Spaniens, Schwedens, Italiens, Dänemarks und der Niederlande. Die im August wiederholte Intervention der Westmächte milderte das Los der Polen nicht. Rußland, durch die Militärkonvention vom 8. II. 1863 mit Preußen gegen andere Staaten gesichert, unterdrückte grausam den polnischen Freiheitskampf, wobei sich der Statthalter von Warschau, Berg, und der Generalgouverneur des Zaren in Wilna, Murawiew, besonders hervortaten.«

Adam Lewak: Gottfried Keller und der polnische Freiheitskampf vom Jahre 1863/64. Akten und Briefe: Zürich: Orell Füssli, 1927. S. 11.

Die Reaktion aller europäischen Regierungen wie die der Bevölkerung gleicht dem Verhalten bei früheren polnischen Aufständen:

»In der Zeit, wo Bismarck den polnischen Aufstand zur Lösung der schleswig-holsteinischen Frage zugunsten Preußens benützte, wo Napoleon III. Pläne schmiedete, die viel zu krumm und verwickelt waren, um zu gelingen, da sie zugleich den Polen die Unabhängigkeit und Frankreich die Rheingrenzen bringen sollten, wo England im polnischen Aufstande eine willkommene Ablenkung von der Orientfrage erblickte, Italien auf den Kampf um Rom und Venedig wartete und Schweden auf die Gewinnung Finnlands hinzielte – in dieser Zeit hatte die Eidgenossenschaft keinen äußern Gewinn und Erfolg zu erhoffen. Die warme Teilnahme sehr breiter Kreise der schweizerischen Gesellschaft für das Schicksal Polens war also ebenso aufrichtig wie uneigennützig.«

Ebd. S. 12.

Im März 1863 wird in Zürich ein »Provisorisches Komitee zur Unterstützung der Polen« gegründet, an dem auch Gottfried Keller, seit 1861 Staatsschreiber und damit der höchstbezahlte Beamte Zürichs, als Sekretär beteiligt ist:

»Um den nach Polen eilenden Freiwilligen aus Frankreich und Italien zu helfen, hatte sich in Zürich schon im Februar unter dem Vorsitz des schweizerischen Ingenieurs Hirschler ein Komitee gebildet, das aus polnischen Studenten des Zürcher Polytechnikums bestand. Es löste sich nach wenigen Wochen wieder auf. Seine Funktionen übernahm das in einer Bürgerversammlung vom 11. März geschaffene ›Provisorische Komitee zur Unterstützung der Polen‹. Diese Versammlung, einberufen durch Graf Ladislas Plater, erfüllte die Hoffnungen der Polenfreunde nicht. Die kleine Teilnehmerzahl deutete darauf hin, daß das Hilfswerk in Zürich noch nicht genügend Boden gefaßt hatte. Die Versammlung erkor zum Präsidenten des provisorischen Komitees Dr. H. H. Voegeli, Aktuar wurde der Kanzler des Kantons Zürich, Gottfried Keller, Kassier der Vizepräsident der Kreditanstalt, Leonhard Steiner; im weitern gehörten ihm an: Graf L. Plater, der bekannte Advokat Dr. Sulzberger, später Präsident des Zürcher Kantonsrates, Kaufmann G. Sieber-Gysi und weiterhin, nach der Umgestaltung zum schweizerischen Zentralkomitee für Polen, Prof. Karl Keller, David Neumann-Kellermann, Oberstleutnant Karl Pestalozzi und Prof. Rudolf Zangger. Zur Erledigung der laufenden Geschäfte versammelten sich die Herren fast täglich bei Gottfried Keller in der zürcherischen Kantonskanzlei.«

Ebd. S. 13.

Die meisten Aufrufe dieses Komitees sind von Gottfried Keller verfaßt (s. Lewak, S. 55 ff.). Neben die Unterstützung der Aufständischen mit Waffen und Geld tritt schon bald die Frage der Unterbringung der Flüchtlinge und Emigranten in den Mittelpunkt. Im Zusammenhang solcher Organisations- und Hilfsmaßnahmen wandern beträchtliche Geldspenden durch die Hände des Komitees. Es wundert deshalb nicht, daß zwielichtige Gestalten den Zugang zu solchen Vereinigungen sich erschleichen. MARGARETE ROTHBARTH berichtet von einem gewissen Julius Schramm, der als Sekretär des Komiteepräsidenten Voegeli auftaucht:

»So beschloß Voegeli, nach Krakau zu fahren, um mit dem dortigen Polenkomitee wegen der Waffenfrage zu unterhandeln. Auf dieser Reise begleitete ihn sein Sekretär, für den er gegenüber der Zürcher Polizei bei Ausstellung des Passes gebürgt hatte, ein junger Preuße aus Werningerode, namens Julius Schramm. Dieser hatte in Zürich

mit polnischen Studenten eine Gesellschaft ›Anthäus‹ gegründet, welche die polnischen Aufständischen mit Waffen beliefern sollte. Er erzählte überall, daß er wegen eines Duells mit einem Herrn von Bennigsen, der eine von ihm verehrte polnische Dame in seiner Heimat beleidigt habe, zu fünf Jahren Festungshaft verurteilt worden und deshalb geflohen sei. Da er sich für einen leidenschaftlichen Freund der Polen ausgab, wurden ihm hohe Summen anvertraut, mit dem Auftrag, dafür Waffen zu kaufen.
Bald aber verstrickte er sich in Widersprüche, das polnische Zentralkomitee in Paris wurde auf ihn aufmerksam und veranlaßte die Zürcher Polizei, sich in seiner Heimat nach ihm zu erkundigen. Die für jeden anderen erfreuliche Auskunft, daß Nachteiliges gegen ihn nicht vorliege, war für Schramm eine Verurteilung, da sie erwies, daß alle seine Geschichten über Festungsstrafe und Verfolgung erlogen waren. Das Zürcher Komitee warnte sofort in einem von Keller verfaßten Rundschreiben die angeschlossenen Komitees:
›Wir sehen uns veranlaßt, Ihnen mitzuteilen, daß wir mit einem gewissen Julius Schramm aus Preußen, welcher sich in der Schweiz mit den polnischen Angelegenheiten zu schaffen macht und sich zur Uebernahme von Waffensendungen und dergleichen an die Polenkomitees wendet, nicht nur in keinerlei Verbindung stehen, sondern daß wir vielmehr dringende Gründe haben, demselben kein Vertrauen zu schenken.‹
Als vier Monate später die Verdachtsmomente gegen Schramm sich bewahrheitet hatten, wurde in einem neuen Rundschreiben Kellers Sprache noch schärfer, und er bezeichnete ihn als einen ›herabgekommenen Handelsmann‹, sprach von ›der Unbefugtheit des Subjekts, sich in unsere Sachen zu drängen‹ und nannte ihn unverblümt einen russischen Spion. Die Zürcher Polizei hatte inzwischen festgestellt, daß er russische Ausweispapiere besaß, Spitzelberichte an den russischen Gesandten in der Schweiz sandte und daher wohl die ihm anvertrauten Gelder entgegengesetzten Zwecken zuführte.
Ehe man Schramm zur Rechenschaft ziehen konnte, hatte er Lunte gerochen und war verschwunden. Die ganze Angelegenheit brachte dem Zürcher Polenkomitee viel Aufregung und Verdruß, und der zu vertrauensselige Voegeli trat von seinem Amt als Präsident zurück.«

Margarete Rothbarth: Das Urbild Strapinskis in »Kleider machen Leute«. In: Neue Zürcher Zeitung. Nr. 1873. 22. November 1942. Bl. 4.

Für KELLER mag die Angelegenheit, die er als Betroffener aus unmittelbarer Erfahrung miterleben konnte, politisch erledigt gewesen sein. Andererseits schreibt er Anfang 1864 – in einem leicht fehlerhaften Französisch – an Plater:

»Ich habe Lust, eine kleine Studie über diesen Charakter von Spionen [!] zu schreiben, die Mittel, die er angewendet hat, um sich einzuführen, die Eigenschaften, die alle Individuen dieser Art gemeinsam haben und auf die man sein Augenmerk richten muß, wenn es darum geht, einen Unbekannten mit wichtigen Aufgaben zu betrauen, und schließlich ein ›fabula docet‹ zu erreichen, indem ich diesem Schurken ein kleines Denkmal errichte.« (Übers. vom Hrsg.)

Ebd.

Die Verallgemeinerung, die Keller diesem Einzelfall schon durch seine Formulierung zuschreibt, ist offensichtlich. Fast zur gleichen Zeit taucht übrigens in den kantonalen Polizeiakten ein Pole namens Julian Saminski auf, der im Baseler Gefängnis als russischer Spion entlarvt wird:

»Saminski wird in den Polizeiakten, die wir auf dem Zürcher Staatsarchiv durchsehen konnten, zweimal Julian, einmal Julius genannt. Schramm heißt in der (ebenfalls dort befindlichen) Auskunft, die die Zürcher Polizei in seiner Heimat Werningerode eingeholt hat, immer Julius, und so nennt ihn auch das deutsche Rundschreiben an die Schweizer Polenkomitees; in der französischen Fassung wird dies mit Jules übersetzt, während Lewak im Text des eingangs erwähnten Buches ihn Julian nennt. Julius und Julian sind engverwandte Namen, so daß die Abwandlung nicht entscheidend ins Gewicht fällt.

Die Feststellung der Vornamen ist wichtig, denn sie liefert, neben jenem französischen Brief an Plater, mit dem das Kapitel Schramm für das Polenkomitee abgeschlossen wird, das Hauptargument, warum wir Schramm mit Strapinski identifizieren: Keller schwankte noch bei der Niederschrift von ›Kleider machen Leute‹, ob er seinen Helden Julian oder Wenzel nennen solle. Er hat sich schließlich für Wenzel entschieden, vielleicht weil es slawischer klingt, vielleicht auch, weil er die Vorbilder seiner Gestalten nicht gern erraten ließ. Aus diesem Grunde hat er auch seiner Novelle das Zeitkolorit der dreißiger Jahre gegeben.

Wenn man auch des Schneiders Hochstapelei wider Willen nicht mit den Waffenschiebungen des Agenten vergleichen darf, so bringt ihn diese ursprüngliche Namengebung doch in engen Zusammenhang mit der geplanten ›petite étude‹. So wurde aus der kriminalistischen Studie und Detektivgeschichte ein Schelmenspiel und ein Idyll – mit einem anderen ›fabula docet‹.«

Ebd.

Die Annahme, daß das Manuskript von »Kleider machen Leute« seit der Mitte der sechziger Jahre entstanden ist, wird vor dem Hintergrund dieser Ereignisse durch einen Vergleich von Druck- und Handschriftenfassung bestärkt (vgl. auch Kap. II). MARGARETE ROTHBARTH führt weiter aus:

»Hat man einmal die Identität zwischen Schramm und Strapinski festgestellt, dann liefert die Vergleichung der ersten und zweiten Fassung der Novelle weitere Stützen für unsere These. Es geht aus ihnen deutlich hervor, daß Keller die Herkunft seines Helden, der ja kein Pole ist, sondern nur dafür gehalten wird, in seiner Phantasie geographisch fixiert hatte. Darauf deuten nicht nur Bezeichnungen wie ›geborener Schlesier‹, ›Polacke‹ und ›Wasserpolacke‹, welch letzterer Ausdruck für die preußischen Polen gebraucht wurde. Sondern das geht vor allem aus den in dieser Beziehung genaueren Angaben der ersten Auflage der Novelle hervor. Wenn Wenzel ursprünglich bei den ›preußischen Husaren seine Militärzeit abgedient hat‹, so heißt es in der endgültigen Ausgabe nur ›Husaren‹, ohne nähere Bezeichnung. Der ›norddeutsche Kollekteur‹, bei dem Wenzel in der Lotterie spielt, wird zu einem ›fremden Kollekteur‹. Das polnische Lied über Katinka, mit dem er die Fiktion seines Polentums aufrecht erhält und dessen Text er nicht versteht, kennt er daher, daß er ›einige Wochen im Polnischen‹ gearbeitet hat. Ursprünglich aber hieß es ›vier Wochen im Herzogtum Posen‹. Das Großherzogtum Posen, wie es richtiger heißen müßte, gehörte seit 1815 zu Preußen. Dazu erwähnen wir, daß die letzte Nachricht über Schramm im Dezember 1864 von der Zürcher Polizeidirektion nach Lissa (Provinz Posen) gesandt wurde, so daß vielleicht auch diese Einzelheit ursprünglich in Kellers gutem Gedächtnis haften geblieben war.«

Ebd.

Als zusätzliche politische Folie ist die Diskussion um eine Schweizer Verfassungsänderung seit der Mitte der sechziger Jahre einzubeziehen, die mit der Verfassungsrevision von 1869 die »Systemzeit« unter Alfred Escher, eine Art Schweizer Gründerzeit, beendet. Wenn Keller im Juni 1868 in einem Brief behauptet, durch diese Verfassungsänderung werde »unsere gute Republik ganz auf den Kopf gestellt« (Baechtold III, S. 6), so erinnert das an den im Vorwort zum 2. Teil der Novellen beschriebenen Zeitwandel in Seldwyla (vgl. Kap. IV).

3. Zur Entstehungs- und Druckgeschichte

Schon beim Erscheinen des 1. Teils der »Leute von Seldwyla« (1856) hat sich KELLER mit dem Gedanken getragen, einen oder sogar mehrere Fortsetzungsteile zu schreiben. In den sechziger Jahren nimmt die politisch-beamtliche Tätigkeit KELLER, der seit 1861 Staatsschreiber ist, so sehr in Beschlag, daß seine schriftstellerischen Arbeiten beinahe als Nebentätigkeiten entstehen. In einem Brief an Hermann Hettner vom 10. März 1863 heißt es:

»Ich habe jetzt die Hoffnung, bald einige Produkte endlich abschließen zu können, da ich für meine Amtsgeschäfte nunmehr ziemlich routiniert bin.«

Briefe I. S. 446.

Ob zu diesen »Produkten« auch »Kleider machen Leute« gehörte, läßt sich nur vermuten. Die Behauptung, daß er etwas »fast« fertig habe, findet sich bei Keller oft, der sich dadurch gerne selber in Zugzwang bringen wollte.
Seinem Verleger Heinrich Vieweg legt KELLER am 13. Dezember 1872 einen ersten Plan vor, wie er den zweiten Teil seines »Seldwyla«-Zyklus geordnet haben möchte:

»Ihrem mit Verehrlichem vom 10. ds. ausgesprochenen Wunsche gerne entsprechend teile ich Ihnen Nachstehendes über den Stand des II. Bandes ›Seldwyla‹ mit.

Der Band wird folgende Erzählungen enthalten:

1 Das Leben aus dem Tode [»Dietegen«]
2 Der Schmied seines Glückes
3 Kleider machen Leute
4 Die mißbrauchten Liebesbriefe
5 Das Sängerfest [»Das verlorene Lachen«].

Hievon sind 2, 3 und 4 fertig, von 1 ist noch ein Drittel und von 5 die Hälfte zu machen. Die erste Erzählung, mit welcher ich des Inhalts wegen den 2. Band eröffnen möchte, kann ich bis Mitte Januar 73 wohl abgeben und könnte dann der Druck beginnen, da der Schluß der 5. Erzählung leicht während desselben geschrieben werden kann, besonders bei den langen Winterabenden. Sollte es sehr nötig sein, so kann man allerdings auch mit einer anderen Geschichte und damit den Druck sogleich beginnen.«

Briefe III,2. S. 151 f.

Unmittelbar nach diesem Brief verfaßt Keller die Einleitung zum zweiten Band der »Leute von Seldwyla«, wodurch eine Neuordnung in der Reihenfolge der Erzählungen notwendig wird (vgl. auch Kap. IV) und »Kleider machen Leute« an die erste Stelle rückt. Am 19. Dezember 1872 schreibt er an Vieweg:

»Ich habe seit meinem letzten ergebenen Schreiben eine kleine Einleitung zu dem 2. Bande der ›Leute von Seldwyla‹ geschrieben, zu welcher als 1. Erzählung nun eine andere besser paßt als die letzthin von mir bezeichnete. Die Reihenfolge der 5 Erzählungen würde nun diese sein:

1. Kleider machen Leute
2. Der Schmied seines Glückes
3. Die mißbrauchten Liebesbriefe
4. Das Leben aus dem Tode [»Dietegen«]
5. Das Sängerfest [»Das verlorene Lachen«].

Infolgedessen können Sie nun, wenn es Ihnen konveniert, den Druck sogleich beginnen lassen, und ich sende Ihnen daher das Manuskript der Einleitung und der 1. Erzählung

unter Beischluß der gedruckten ›Liebesbriefe‹. Die 2. Erzählung, ›Der Schmied seines Glückes‹, ist schon in Ihren Händen.
Inzwischen würden N° 4 und 5 auch fertig werden, da ich jetzt daran bin.
Ich erlaube mir das Gesuch zu wiederholen, mir Revisionsbogen mit etwas breitem Rande zu schicken, damit ich auch den Stil gehörig revidieren kann, was heutzutage notwendig ist bei der saloppen Schmiererei allerwärts. Zeit geht dabei nicht verloren.«

Briefe III,2. S. 153.

Parallel zum zweiten Band plante Vieweg eine zweite Auflage des ersten Bandes der »Leute von Seldwyla«, den er mit dem neuen Teil in der Hoffnung auf einen günstigeren Absatz bei Leihbibliotheken vermischen wollte. Am 18. Februar 1873 reagiert KELLER auf diese Pläne Viewegs:

»Aus Ihrem Briefe vom 1. ds. ersehe ich zu meinem Bedauern, daß meine Sachen immer noch unter den Auspizien der Leihbibliotheken stehen, während ich gehofft hatte, daß sie allmählich in andere Lebenskreise gekommen seien oder Aussicht dazu haben.
Ich habe nun nichts einzuwenden gegen eine Verschmelzung der beiden Bände, muß aber auf dem alten Titel bestehen, da das Buch unter demselben bekannt geworden ist und er eine Beziehung zum Charakter des Ganzen hat. Auch werde ich den Titel ›Gesammelte Erzählungen‹ anderweitig brauchen, wenn die Zeit da ist.
Ich dächte nun, daß genugsam geholfen werden könnte, wenn die Erzählungen durcheinander geworfen und auf dem Umschlag angezeigt würden, etwa so:

d. Leute v. Seldwyla
v.
Gott. K'ller
Zweite Ausgabe
oder: Neue Ausgabe
Erster Band
1. Erzählung so und so
2. » » » »
3. » » » »
4. » » » »
5. » » » »
Braunschweig etc.

Die gleiche Aufzählung könnte in den Annoncen oder Buchhändleranzeigen stattfinden. Rechnet man hinzu, daß seit dem Erscheinen des 1. Bandes 17 Jahre verflossen sind und gewiß nicht mehr viele Exemplare in den Leihbibliotheken wohl erhalten sind, so sollte das Ding nicht so gefährlich aussehen. Doch will ich damit Ihrer Geschäftserfahrung keineswegs zu nahe treten, und auch ich bin es wohl zufrieden, wenn der erste Band zur Verfügung liegen bleibt.
Sollten Sie dagegen die oben angegebene Form für tunlich finden, so wäre es mir angenehm, wenn Sie das neue Verhältnis, wie Sie es sich denken und gehalten wissen wollen, mittelst einiger Punkte oder Sätze feststellen wollten.«

Briefe III,2. S. 155 f.

Obwohl er sich hier scheinbar mit dem Plan des Verlegers abgefunden hat, trennte sich KELLER schließlich doch von Vieweg, dem er am 28. Februar die Auflösung des bisher gültigen Vertrages anbietet:

»Ich gehe mit dem Gedanken um, noch eine Reihe von Jahren, wenn sie mir vergönnt sind, für die literarische Produktion zu verwenden, und hoffe zu diesem Zwecke mein Amt, das mich zu sehr abzieht, aufgeben zu können. Hiezu würde aber auch erforderlich sein, daß mir ein den jetzigen Zeitverhältnissen entsprechender Ertrag meiner

Arbeiten zuteil würde; dahin aber würden die oben erwähnten Vertragsbestimmungen keineswegs führen.
Es ist mir nun wohl begreiflich, daß Sie, hochgeehrte Herren, keine rechte Lust zu einem entschiedenern Vorgehen mit meinen Angelegenheiten haben, und es würde Ihnen vielleicht selbst am besten konvenieren, das Verhältnis ganz aufzulösen. Ich würde Ihnen für diesen Fall anerbieten, den Vorschuß von 200 Talern vom Jahr 1856 mit den Zinsen von 200 Talern zurückzubezahlen und Ihnen umgehend die 400 Taler zu übermachen, wogegen ich die freie Verfügung über das ganze Werklein resp. das in Ihren Händen liegende Manuskript zurückerhielte. Auch würde ich eine solche Entlassung als eine billige und freundliche Gefälligkeit dankbar anerkennen.«

Briefe III,2. S. 156 f.

Bereits am 5. März bietet KELLER seine »Leute von Seldwyla« dem Verleger Ferdinand Weibert von der Stuttgarter Verlagsanstalt G. J. Göschen an, bei der 1872 schon die »Sieben Legenden« erschienen waren:

»Was die Verlagsangelegenheiten betrifft, so haben Sie gerade in diesem Augenblick Gelegenheit zu einem Wagnis, wenn Sie wirklich Lust haben. Ich bin nämlich mit den ›Leuten von Seldwyla‹ von Herrn Vieweg abgelöst. Als der Druck des 2. Bandes beginnen sollte, eröffnete mir Herr Vieweg, daß der 1. Band vergriffen sei und er eine neue Auflage desselben in der Weise übernehmen würde, daß beide Bände zusammen als neue Ausgabe in zwei Bänden erscheinen würden und zwar in der Art, daß die alten und die neuen Erzählungen (je 5) neu zusammengestellt resp. verteilt würden.
Ich war schon vergnügt über diese Wendung; als aber die diesem Projekt entsprechende neue Kontraktstipulation kam, enthielt dieselbe zwei Bestimmungen, welche mir nicht konvenieren konnten. Während nämlich die Verträge über den 1. und 2. Band eine Auflage von 1000 festgesetzt hatten, sollte es in dem neuen Vertrag auffälliger Weise heißen: ›Die

Größe der Auflage bestimmen die Verleger.‹ Und als zierliche Ergänzung dieses Satzes sollte das Honorar für eine allfällig notwendig werdende dritte und weitere Auflagen nur noch die Hälfte des Honorars der 2. Auflage betragen, aus welchem Grunde, war mir nicht ersichtlich.

Da ich bei vorgerückten Jahren und für den Fall einer lebhafteren literarischen Tätigkeit solche veraltete Verlagsherren-Maximen nicht brauchen kann, so habe ich den Herren Vieweg und Sohn vorgeschlagen, das Verhältnis aufzulösen, worauf sie entgegenkommend eingingen. Nach Empfang ihrer diesfälligen Erklärung habe ich heute einen schon vor längerer Zeit erhaltenen Honorarbetrag mit Zinsen zurückbezahlt und bin dafür in den Besitz der freien Verfügung über den ersten und zweiten Band gelangt. Das Manuskript für den letzteren werde ich sofort zurückerhalten.

Wie Sie aus beiliegendem Exemplar ersehen, ist der 1. Band 32 Bogen stark, und der 2. wird die gleiche Stärke haben.

Ich bin also nun in die Lage versetzt, einen neuen Herren Verleger suchen zu müssen, und biete Ihnen das Geschäft hiemit in erster Linie an. Mit Bezug auf den 1. Band ist dasselbe nicht ganz unbedenklich, da es lange gebraucht hat, bis die 1. Auflage verkauft war. Dagegen habe ich manche Anzeichen dafür, daß ich erst anfange, ein größeres Publikum zu kriegen; die ›Legenden‹ haben offenbar den Verkauf der ›Leute von Seldwyla‹ beschleunigt, und der 2. Band dürfte auch den 1. wieder flott machen.

Sollten Sie die Sache probieren wollen, so wären meine Bedingungen: Honorar 2000 Francs per Band, also für das ganze 4000 Francs bei 1200 Auflage, das übrige wie bei den ›Sieben Legenden‹.«

Briefe III,2. S. 236 f.

Mit Weibert einigt sich Keller schließlich auf eine vierbändige Gesamtausgabe der »Leute von Seldwyla«, bei der der neu geschriebene zweite Teil den 3. und 4. Band ausmachen soll. Am 5. Mai sendet KELLER das Manuskript für den 3. Band an Weibert:

»Da Sie den Druck der neuen ›Leute von Seldwyla‹ allmählig werden beginnen lassen wollen, so stehe ich nicht länger an, Ihnen das Manuskript für das 3. Bändchen zu senden, das ich in folgender Anordnung zu drucken bitte:

1. Kleider machen Leute
2. Der Schmied seines Glückes
3. Die mißbrauchten Liebesbriefe.«

Briefe III,2. S. 240.

Während die Texte für den 4. Band immer noch nicht fertig sind, soll bereits während des Druckes des 3. Bandes – wie KELLER am 4. Juli an Weibert schreibt – eine französische Übersetzung von »Kleider machen Leute« angefertigt werden:

»Ich will Ihnen nun bis Mitte Juli die erste und bis längstens Ende Juli die zweite Geschichte des 4. Bandes schicken. Sie können sich ja immerhin so einrichten, daß Sie im Laufe des August fertige Exemplare haben.
Ich werde schon geraume Zeit von der ›*Bibliothèque universelle et revue suisse*‹ in Lausanne geplagt, ihr von einer der neuen Erzählungen *vor* dem Erscheinen einen Korrekturabzug zu verschaffen, damit sie eine Übersetzung gleichzeitig bringen könne.[1] Ich mache mir nichts daraus und habe Ihnen deshalb auch nicht geschrieben. Da ich aber heute wieder einen Brief erhalten und Sie mir zugleich schreiben, daß schon einiges gesetzt sei, so könnte man entsprechen in Betracht, daß besagte Zeitschrift nicht nur in der Schweiz, sondern auch in Frankreich eines ziemlichen Ansehens genießt und in Paris stark gelesen wird, so daß die Sache dem Buch nur nützen könnte. Wenn es daher geschehen kann, so bitte ich Sie, mir so bald möglich einen Abzug vom Satz der Erzählung ›Kleider machen Leute‹ zu schicken, damit derselbe dem Übersetzer eingehändigt werden kann.«

Briefe III,2. S. 241 f.

1 Diese Übersetzung von »Kleider machen Leute« erschien unter dem Titel »L'habit fait l'homme« in der »Bibliothèque universelle et revue suisse«, Neue Periode Bd. 48, 1873.

»Kleider machen Leute« erschien dann schließlich in der zweiten Hälfte des Jahres 1873 in: »Die Leute von Seldwyla«. 2., verm. Aufl. in 4 Bdn. Bd. 3. Stuttgart: Göschen, 1873.
Merkwürdigerweise hat KELLER die Erzählung – und darin sind ihm fast alle Rezensenten der »Leute von Seldwyla« gefolgt (vgl. Kap. V) – so gut wie nicht mehr erwähnt. Nur in einem Brief vom 25. Juni 1878 an seinen Dichterkollegen Theodor Storm (1817–88) findet sich noch einmal eine ausführliche Rechtfertigung der poetischen Wahrhaftigkeit unwahrscheinlicher Erfindungen:

»Meine dummen Späße betreffend, hoffe ich immer noch, mich derselben noch vor Torschluß zu entledigen; ich würde es auch schon früher getan haben, wenn ich rechtzeitig meine Sachen nochmals hätte überarbeiten können. Nur Ihre Rüge[2] des schwarzen Quasts der Seldwyler scheint mir nicht ganz zutreffend. Es ist das nämlich allerdings eine Erfindung, aber eine ganz analoge zu hundert ähnlichen und noch tolleren Vorkommnissen der plastischen und drastischen, wenigstens der oberdeutschen Vergangenheit. Schon früher hat mir ein norddeutscher Kritiker einen grotesken Fastnachtszug (Schneider-Schlittenfahrt) als ganz unmöglich, ungeheuerlich und daher unzulässig bezeichnet, während hierzulande dergleichen nicht einmal auffällt, weil es jeder erlebt hat. Hiemit will ich aber keinerlei Rechthaberei verübt haben.«

Briefe III,2. S. 420 f.

2 Storm hatte in einem Brief an Keller vom 27. Februar 1878 u. a. den schwarzen Quast der Seldwyler in »Dietegen« als zu derb und schwankhaft getadelt.

IV. Zur Einordnung in den Zyklus »Die Leute von Seldwyla«

Welche Bedeutung Keller dem zyklischen Zusammenhang seiner Novellen zugemessen hat, ist an seinen Umstellungen abzulesen, die durch die neu verfaßte Einleitung des zweiten Teils veranlaßt worden sind (vgl. Briefe vom 13. und 19. 12. 1872, S. 51–53). Gerhard Kaiser hat zu verdeutlichen versucht, welche interpretatorischen Hinweise allein durch die Anordnung der einzelnen Texte innerhalb des Zyklus gegeben sind:

»Der zweite Teil der ›Leute von Seldwyla‹, fast zwanzig Jahre später, läßt seine Geschichten denen des ersten Teils gegenbildlich korrespondieren. Die letzte Geschichte hier entspricht der ersten dort – das verlorene Schmollen dem wiedergewonnenen Lachen. Die vierte hier antwortet der zweiten dort – ›Dietegen‹ Liebe aus Tod; ›Romeo und Julia‹ Tod aus Liebe. Die dritte hier (›Die mißbrauchten Liebesbriefe‹) und die dritte dort (›Frau Regel Amrain‹) handeln von Erziehung durch mütterliche Frauen. Die zweite hier (›Der Schmied seines Glückes‹) und die vierte dort (›Die drei gerechten Kammacher‹) zeigen betrogene Betrüger, arme (Jung)gesellen. Die erste hier (›Kleider machen Leute‹) und die letzte dort (›Spiegel, das Kätzchen‹) erzählen Schwindelgeschichten. Spiegel wird glücklich durch eine Lügenerzählung, Strapinski durch Hochstapelei. Strapinski und Spiegel kommen zum Ziel, obwohl der eine kein polnischer Graf und der andere kein guter Bürger ist; oder gerade deswegen. Das Märchen am Schluß des ersten Teils übersteigt wie Goethes ›Märchen‹ am Schluß der ›Unterhaltungen deutscher Ausgewanderten‹ die Novellensammlung; es nennt im Titel das Geheimnis der spiegelbildlichen Entsprechung der Geschichten beider Teile.«

Gerhard Kaiser: Gottfried Keller. Das gedichtete Leben. Frankfurt a. M.: Insel, 1981. S. 282.

KELLER hat durch die Umstellung von »Kleider machen Leute« an die erste Stelle – weil diese Erzählung »besser paßt«, wie er am 19. 12. 1872 an Vieweg schreibt (vgl. S. 52) – selbst den ausdrücklichen Zusammenhang mit der Einleitung herausgestellt. Diese neue Vorrede, übrigens »unmittelbar für den Druck« und »auf einen Bogen des Staatsschreibers mit dem Kopfaufdruck: ›Staatskanzlei des eidgenössischen Standes Zürich‹« geschrieben (Fränkel; SW VIII, S. 443), benennt ökonomische, soziale und politische Veränderungen in Seldwyla, die mit der beschaulichen Idylle des ersten Teils wenig mehr zu tun haben. Der Bedeutung halber, die der Vorrede für das Verständnis der Erzählung zukommt, sei sie hier vollständig angeführt:

»Seit die erste Hälfte dieser Erzählungen erschienen, streiten sich etwa sieben Städte im Schweizerlande darum, welche unter ihnen mit Seldwyla gemeint sei; und da nach alter Erfahrung der eitle Mensch lieber für schlimm, glücklich und kurzweilig als für brav, aber unbeholfen und einfältig gelten will, so hat jede dieser Städte dem Verfasser ihr Ehrenbürgerrecht angeboten für den Fall, daß er sich für sie erkläre.

Weil er aber schon eine Heimat besitzt, die hinter keinem jener ehrgeizigen Gemeinwesen zurücksteht, so suchte er sie dadurch zu beschwichtigen, daß er ihnen vorgab, es rage in jeder Stadt und in jedem Tale der Schweiz ein Türmchen von Seldwyla und diese Ortschaft sei mithin als eine Zusammenstellung solcher Türmchen, als eine ideale Stadt zu betrachten, welche nur auf den Bergnebel gemalt sei und mit ihm weiterziehe, bald über diesen, bald über jenen Gau, und vielleicht da oder dort über die Grenze des lieben Vaterlandes, über den alten Rheinstrom hinaus.

Während aber einige der Städte hartnäckig fortfahren, sich ihres Homers schon bei dessen Lebzeiten versichern zu wollen, hat sich mit dem wirklichen Seldwyla eine solche Veränderung zugetragen, daß sich sein sonst durch Jahrhunderte gleich gebliebener Charakter in weniger als zehn Jahren geändert hat und sich ganz in sein Gegenteil zu verwandeln droht.

Oder, wahrer gesagt, hat sich das allgemeine Leben so gestaltet, daß die besonderen Fähigkeiten und Nücken der wackeren Seldwyler sich herrlicher darin entwickeln können, ein günstiges Fahrwasser, ein dankbares Ackerfeld daran haben, auf welchem gerade sie Meister sind, und dadurch zu gelungenen, beruhigten Leuten werden, die sich nicht mehr von der braven übrigen Welt unterscheiden.

Es ist insonderlich die überall verbreitete Spekulationsbetätigung in bekannten und unbekannten Werten, welche den Seldwylern ein Feld eröffnet hat, das für sie wie seit Urbeginn geschaffen schien und sie mit Einem Schlage Tausenden von ernsthaften Geschäftsleuten gleichstellte.

Das gesellschaftliche Besprechen dieser Werte, das Herumspazieren zum Auftrieb eines Geschäftes, mit welchem keine weitere Arbeit verbunden ist als das Erdulden mannigfacher Aufregung, das Eröffnen oder Absenden von Depeschen und hundert ähnliche Dinge, die den Tag ausfüllen, sind so recht ihre Sache. Jeder Seldwyler ist nun ein geborener Agent oder dergleichen, und sie wandern als solche förmlich aus, wie die Engadiner Zuckerbäcker, die Tessiner Gipsarbeiter und die Savoyischen Kaminfeger.

Statt der ehemaligen dicken Brieftasche mit zerknitterten Schuldscheinen und Bagatellwechseln führen sie nun elegante kleine Notizbücher, in welchen die Aufträge in Aktien, Obligationen, Baumwolle oder Seide kurz notiert werden. Wo irgendeine Unternehmung sich auftut, sind einige von ihnen bei der Hand, flattern wie die Sperlinge um die Sache herum und helfen sie ausbreiten. Gelingt es einem, für sich selbst einen Gewinn zu erhaschen, so steuert er stracks damit seitwärts, wie der Karpfen mit dem Regenwurm, und taucht vergnügt an einem andern Lockort wieder auf.

Immer sind sie in Bewegung und kommen mit aller Welt in Berührung. Sie spielen mit den angesehensten Geschäftsmännern Karten und verstehen es vortrefflich, zwischen dem Ausspielen schnelle Antworten auf Geschäftsfragen zu geben oder ein bedeutsames Schweigen zu beobachten. Dabei sind sie jedoch bereits einsilbiger und trockener gewor-

den; sie lachen weniger als früher und finden fast keine Zeit mehr, auf Schwänke und Lustbarkeiten zu sinnen.
Schon sammelt sich da und dort einiges Vermögen an, welches bei eintretenden Handelskrisen zwar zittert wie Espenlaub oder sich sogar still wieder auseinander begibt, wie eine ungesetzliche Versammlung, wenn die Polizei kommt.
Aber statt der früheren plebejisch-gemütlichen Konkurse und Verlumpungen, die sie untereinander abspielten, gibt es jetzt vornehme Accommodements mit stattlichen auswärtigen Gläubigern, anständig besprochene Schicksalswendungen, welche annäherungsweise wie etwas Rechtes aussehen, sodann Wiederaufrichtungen, und nur selten muß noch einer vom Schauplatze abtreten.
Von der Politik sind sie beinahe ganz abgekommen, da sie glauben, sie führe immer zum Kriegswesen; als angehende Besitzlustige fürchten und hassen sie aber alle Kriegsmöglichkeiten wie den baren Teufel, während sie sonst hinter ihren Bierkrügen mit der ganzen alten Pentarchie zumal Krieg führten. So sind sie, ehemals die eifrigsten Kannegießer, dahin gelangt, sich ängstlich vor jedem Urteil in politischen Dingen zu hüten, um ja kein Geschäft, bewußt oder unbewußt, auf ein solches zu stützen, da sie das blinde Vertrauen auf den Zufall für solider halten.
Aber eben durch alles das verändert sich das Wesen der Seldwyler; sie sehen, wie gesagt, schon aus wie andere Leute; es ereignet sich nichts mehr unter ihnen, was der beschaulichen Aufzeichnung würdig wäre, und es ist daher an der Zeit, in ihrer Vergangenheit und den guten lustigen Tagen der Stadt noch eine kleine Nachernte zu halten, welcher Tätigkeit die nachfolgenden weiteren fünf Erzählungen ihr Dasein verdanken.«

SW VIII, S. 1–4.

Ausgehend von dieser Einleitung, versucht BERND NEUMANN (geb. 1943), die »Leute von Seldwyla« in wirtschafts- und sozialgeschichtliche Bezüge einzubetten:

»Was nun folgte, war die Industrialisierung der Schweiz im modernen Sinn des Wortes, die mit dem Eisenbahnbau einsetzte. Dieser wurde ab 1850 ernsthaft in Angriff genommen; daß die Privaten und die Kantone, nicht aber der Bundesstaat diesen Bau betrieben, setzte wiederum Alfred Escher gegen seinen Kontrahenten aus der eigenen Partei Jakob Stämpfli durch. Immer mehr bildeten sich nun unter der liberalen Herrschaft Kasten und verfestigte privilegierte Gruppen heraus. Aktienbanken verdrängten die vormaligen Privatbanken, sie waren am großen Geschäft vor allem im Eisenbahnbau interessiert und verliehen kein Geld an den kleinen Mann. Escher symbolisierte als Bankherr und Politiker in einer Person die zunehmende Verquickung von Politik und Geschäft. Zürich wurde zum Paradebeispiel für die Herrschaft dieser Liberalen, die nun auch innerhalb der eigenen Partei zunehmend in einen Industrie- und einen Intellektuellen-Flügel zerfallen. Das Volk ist faktisch von der politischen Willensbildung ausgeschlossen. ›Auch wurde es dem Volk immer unerträglicher, daß eine bestimmte Gruppe von Intellektuellen und Finanzleuten über den Staat wie über ihr Privateigentum verfügten. Am ausgeprägtesten war das liberale System im Kanton Zürich. Die Schöpfer des Kapitalismus, die Bankiers, ‚Eisenbahnbarone', Fabrikbesitzer, beherrschten zugleich auch die Räte (...) und ihre Gewalt nahm fast diktatorischen Charakter an. Den allmächtigen Alfred Escher nannte man den ‚König von Zürich'.‹ [...] Die wirtschaftliche Entwicklung lief weiter. Seit etwa 1865 kann in der Schweiz vom Bestehen eines modernen Kapitalismus gesprochen werden. Der gemütliche Schleier zerriß immer schneller: die Arbeiterfrage kam auf, es erfolgte die Spezialisierung der Arbeiter zu Fabrikarbeitern. Auch die Landwirtschaft mechanisierte sich, ein Fabrikbetrieb im modernen Sinn entstand. Seit 1857 entwikkelte sich eine nennenswerte Schwer- und Maschinenindustrie. Die Beteiligung der Schweiz am Welthandel beispielsweise stieg zwischen 1850 und 1870 um das Dreifache. Ab 1872 kam es, im Gefolge der deutschen Gründerphase, zu

einer ›Gründerzeit‹ auch in der Schweiz. Ihr Höhepunkt lag um 1872, es kam, wie auch in Deutschland, zu ungeheuren Spekulationsgewinnen. Das Gebiet dieser Spekulationen gab vor allem der Eisenbahnbau ab, der jetzt hektisch vorangetrieben und abgeschlossen wurde. Politik und Geschäft erschienen gerade hierbei aufs engste verflochten. Unter dem Eindruck dieser Entwicklung schrieb Keller das Vorwort zum 2. Band des Seldwyla-Zyklus; sie gibt die sozialgeschichtliche Ursache ab für die verlorene Heiterkeit der Seldwyler. Es ›riß eine ebenso großzügige wie bedenkenlose Kreditgewährung ein. Das Spekulantenwesen breitete sich aus. Unsolid aufgebaute Unternehmen schossen nur so aus dem Boden. Schon nach drei Jahren erfolgte der erste große Krach. Er riß eine Reihe größerer und kleinerer Unternehmen in den Ruin, in Deutschland und in der Schweiz. So folgte den Gründerjahren ein fürchterlicher wirtschaftlicher Katzenjammer. In der Schweiz hatten sich die Eisenbahngesellschaften weitaus am stärksten vom Gründungsfieber beeinflussen lassen.‹ Und: ›Der Eisenbahnkrach bildete die Ursache für die verbitterte Volksmeinung, heute würde man sagen: für das ‚Malaise', das nach 1874 für mehrere Jahre in der schweizerischen Politik spürbar wurde (...).‹
In dieser gesellschaftsgeschichtlichen Bewegung, die die alte Schweiz von 1850 sehr schnell in die neue von 1874 verwandelte, liegt also das thematische und ästhetische Bewegungsgesetz des Seldwyla-Zyklus begründet. Die avancierte politische Verfassung der Schweiz bei gleichzeitig dominierender kleinbürgerlicher Lebens- und Geschäftspraxis führte die beiden Pole zusammen, in deren Spannungsfeld sich jene Thematik des *Seldwyla*-Zyklus, welche die Einleitungen herausstellen und die Eingangs- und Schluß-Novelle gestalten, selbst erst ausbilden konnte.«

Bernd Neumann: Gottfried Keller. Eine Einführung in sein Werk. Königstein i. Ts.: Athenäum, 1982. (Athenäum-Taschenbücher. 2170.) S. 169 f.

V. Dokumente zur Wirkungsgeschichte

Der Verkaufserfolg des zweiten Teils der »Leute von Seldwyla« machte – nicht zum wenigsten als Fortsetzung des ersten Teils – noch zu Lebzeiten Kellers 1876, 1883 und 1887 Neuauflagen notwendig. Außer der gleichzeitig mit dem Erstdruck herausgekommenen französischen Übersetzung (vgl. S. 57, Anm. 1) ist »Kleider machen Leute« sehr bald in Englisch (1876), erst später in Norwegisch und Dänisch (1919), Spanisch (1922 f.) und Italienisch (1932) erschienen. 1910 wurde zudem die Komische Oper »Kleider machen Leute« von Alexander Zemlinsky in Wien uraufgeführt.

Die ersten Rezensionen der »Leute von Seldwyla« kamen aus dem Freundes- und Bekanntenkreis Kellers. Der Wiener Literaturkritiker und -professor Emil Kuh (1826–76), der Keller eine ausführliche monographische Behandlung angekündigt hatte, schrieb am 8. Januar 1874, nach der Lektüre von »Kleider machen Leute«, an Keller:

»Welch' eine Heiterkeit ruht auf diesen Bildern! welch' ein Fabelmund hat sich in Ihnen aufgethan! Die Geschichte von dem blassen Schneiderlein muthet mich als die jetzt erst ausgedichtete Erfindung vom Verwunschenen Prinzen an. Bisher war sie trotz ihrem Reiz äußerlich geblieben.«

Alfred Schaer (Hrsg.): Emil Kuh's Briefe an Gottfried Keller. In: Zürcher Taschenbuch auf das Jahr 1904. N. F. 27. 1904. S. 217.

Kuh bespricht das Werk in der »Wiener Abendpost« (Nr. 296) vom 28. Dezember 1874:

»Gleichfalls in die Sphäre des Humoristischen und Komischen gehören unter den neu hinzugekommenen Erzählungen die Stücke: ›Kleider machen Leute‹ und ›Der Schmied seines Glückes‹. Den Inhalt der erstgenannten bilden die völlig unerwarteten Freuden und Leiden eines zierlichen, sittsam empfindenden armen Schneiderleins, das infolge der Fahrt in einem herrschaftlichen Reisewagen Täuschung und Blendwerk hervorruft und am Ende beinahe notgedrungen in eigener Person mitweben muß an dem Netze des Betruges. Ein drolliges Scherzo, in welches fortwährend Adagiolaute hereinklingen. Meisterhaft hat der Dichter dargestellt, wie das dem rechtschaffenen Schneider seit seinen Knabentagen anhaftende Flöckchen Hochmut in dem ohne sein Verschulden entstandenen Wirbel lustig mittanzt und wie der ehrliche Schelm aus diesem Grunde, bevor die freundliche Lösung eintritt, gleichsam sich selber die bösen Dinge zurechnet, die ein grillenhaftes Ungefähr angezettelt hat. Das ist eben einer der Hauptvorzüge der Darstellung Kellers, daß sie jedesmal, wenn es nötig ist, den Punkt zu gewinnen weiß, wo die an ihrer Eigenart zappelnden Kreaturen ihrer Verantwortlichkeit innewerden.«

Emil Kuh: Die Leute von Seldwyla. In: Emil Kuh's kritische und literarhistorische Aufsätze (1863 bis 1876). In Ausw. hrsg. und eingel. von Alfred Schaer. Wien: C. Fromme, 1910. (Schriften des Literarischen Vereins Wien. 14.) S. 370 f.

Ebenfalls aus dem österreichischen Literaturbereich meldet sich der damals noch junge Peter Rosegger (1843–1918) zu Wort. In mehreren Besprechungen (»Literaturblatt der Grazer Abendpost« Nr. 15, 1874 und Nr. 6, 1875 sowie in »Der Heimgarten« vom 7. Februar 1875) lobt Rosegger die unsentimentale Echtheit der »Leute von Seldwyla« als Muster für die Gattung der Dorfgeschichte; mit »Kleider machen Leute« jedoch kann er – ganz im Gegensatz etwa zu »Romeo und Julia auf dem Dorfe« – wenig anfangen.
Von Richard Wagner (1813–83) ist durch seinen Biographen Carl Friedrich Glasenapp eine enthusiastischere Reaktion auf die Lektüre der »Leute von Seldwyla« überliefert:

»Am Schluß von ›Kleider machen Leute‹ fiel ihm auf, wie es Keller immer zu einem erhabenen Moment bringe; fast hätte man schon fürchten müssen, er könnte hier etwas läppisch werden; aber die Wirkung sei groß und der letzte Satz vom glücklichsten Humor.«

Zit. nach: Zäch. S. 34 f.

Wichtig war Keller die Studie seines Freundes und literaturästhetischen Briefpartners FRIEDRICH THEODOR VISCHER (1807–87), die der bekannte Kritiker und Literaturtheoretiker 1874 in der »Augsburger Allgemeinen Zeitung« erscheinen ließ. Keller hat sowohl das Lob als auch die Kritik Vischers sehr ernst genommen:

»Und zuletzt spaziere der Held der ersten Novelle des dritten Bändchens (›Kleider machen Leute‹) noch auf, der gute Schneidergeselle Strapinsky, der für entschuldbare Schuld vom Schicksal, das ihm die Falle doch selbst gelegt, so herb gezüchtigt und dann so hoch begnadigt wird. Denn als ihn der Kutscher, der den Wandernden aufgenommen, im Wirthshaus zur goldenen Wage in Goldach abgesetzt und für einen Grafen ausgegeben, als ihn zuerst der Wirth, dann nach und nach das ganze Städtchen, ausgenommen Herrn Buchhalter Böhni, für einen solchen hielt, spann sich das nicht wie ein magisches Netz um ihn, war nicht jeder Fluchtversuch vergeblich, und zog sich nicht das Netz unentrinnbar zu, als das schöne Amtsrathstöchterlein Nette die letzten Maschen band? Er war ja im Herzensgrund eine ehrliche Haut, ein ordentlicher Mensch; das entschlossene Mädchen, mit ihm und durch ihn entsetzlich beschämt, – wir sprechen noch nicht von der Entlarvungsscene, denn das gehört in ein anderes Kapitel, – das entschlossene und – eben doch liebende Mädchen erkennt es, rettet ihn vom schmählichen Untergang, setzt es beim Vater Amtsrath durch, daß er sie ihm geben muß, er wird wohlbestellter Ehemann, ein großer Marchand-Tailleur und Tuchherr in Seldwyla, lebt bescheiden, sparsam und weise, und steht, nach Goldach übergesiedelt, als runder, stattlicher, angesehener Herr inmitten eines Segens von zehn bis zwölf Kindern.

Somit wäre uns denn die sehr schlichte Weisheit, die unser

Dichter vorträgt, schon zu einem etwas farbigeren Bilde geworden, wir verfolgen aber noch nicht weiter Talent und Kunst der Zeichnung und Farbengebung, sondern freuen uns den Tendenzjägern zum Trotz noch einmal und ausdrücklich an der Einfachheit dieser Grundlage, ja, wenn man will, ihrer volksmäßigen Einfachheit. Wir werden den Reichthum seiner Phantasie und ihre Stärke im Traumgebiete kennen lernen; wir werden auch einen denkenden Geist in ihm finden, welchem der Zweifel nicht fremd ist. Es ist nicht Armuth, daß er sich in seinen Novellen nicht auf das Feld schwierig verwickelter moderner Bildungswege und Fragen begibt, es ist nicht Armuth, daß er jenen quellenden Reichthum nicht zu einer phantastischen Symbolik für profunde Probleme verwendet, er will ein einfaches Thema, um an ihm eine reine und solide Kunst zu erproben. So steht er mit sichern Sohlen fest aufgepflanzt auf dem Boden der Wirklichkeit. Kurz, es ist ein lebenstüchtiger Realismus in jenem guten Sinn des Worts, der die echte Idealität in sich begreift.«

Friedrich Theodor Vischer: Gottfried Keller. In: F. Th. V.: Altes und Neues. H. 2. Stuttgart: Bonz, 1881. S. 154–156.

Aus der Perspektive von Hegels ästhetischen Vorstellungen bestimmt Vischer Kellers realistisches Erzählen als bürgerliche Kunstform; er erkennt die Märchenatmosphäre zahlreicher Erzählungen und die Funktion des altertümlichen Erzähltons bei Keller:

»Dabei kommt unserem Dichter zu gute, was von körnigem Altdeutsch noch im Munde der Schweiz erhalten ist; er sagt z. B. ›es wundert mich‹, im Sinne: ich bin begierig zu wissen, zu verstehen; er sagt Aeufnen für Mehren, in die Höhe bringen, er kennt das Wort Bürde noch in seiner alten Bedeutung (eine Trage – was e i n e r tragen kann – von *beren* tragen); in angenehm altmodischer Trockenheit braucht er das Wort Frauenzimmer für Weib, und nennt, die er loben will, eine schöne und gute Person, auch ein preiswerthes und zierbegabtes Gewachs. Doch das sind Einzelheiten, das Ganze ist: er schöpft aus der Quelle, während tausend andere aus Behältern pumpen. Er schafft auch Wörter, Ausdrücke, wirkt sprachbildend, wie jeder geborne Dichter.«

Ebd. S. 208 f.

Jakob Frey (1824–75), dessen 1862 erschienene Novelle »Das erfüllte Versprechen« Keller zu »Kleider machen Leute« vielleicht mit angeregt hat (vgl. S. 44 f.), interessiert in seiner Besprechung der »Leute von Seldwyla«, auf welche Weise realistisches Erzählen mit der poetischen Fiktion verbunden sein könne:

»Oefters auch gelingt es ihm, durch eine Häufung solcher realistischen Züge die platte Alltäglichkeit bis in's Phantastische hinaufzusteigern, wodurch dann das dämmernde und doch sonnenklare Zwielicht entsteht, der bestrickende Zauber, der über allen seinen Schöpfungen schwebt.«

Jakob Frey: Die Leute von Seldwyla. In: Sonntagsblatt des »Bund«, Bern. Nr. 7. 14. Februar 1875. S. 56.

Von da her versteht sich auch Freys Kritik an »Kleider machen Leute«:

»Bei näherer Nachfrage sind es freilich bloße Einzelheiten, sogar Kleinigkeiten, um die es sich handelt; aber gleichwohl – der Gesammteindruck hat Schaden genommen und hier scheint denn auch wirklich ein etwelches Gebrechen zu Grunde zu liegen. Keller hat sich nämlich nicht bloß die hohen Vorzüge seiner alten Meister angeeignet, sondern er nimmt von ihnen bisweilen auch Eigenheiten herüber, die weniger in ihrem künstlerischen Vermögen, als in ihrer Zeit lagen; diese Zeit aber war in der Poesie wie im Leben eine Zeit des Glaubens, sogar der Wunder. Der Dichter durfte also an seine Leser ohne Gefahr Zumuthungen stellen, die unsere realistische Zeit nicht mehr hingehen läßt. Man verlangt heute in der epischen Darstellungsweise Wahrscheinlichkeit, d. h. eine hinlänglich vorbereitete Motivirung auch der kleinern Vorgänge, und zwar nicht mit Unrecht; denn nicht immer ist die sogenannte Wahrscheinlichkeit der bloße Abklatsch banaler Alltäglichkeit, sondern oft genug auch der Wiederschein der innern Wahrheit. Und hierin scheint Keller sich's manchmal etwas leicht zu machen, wie z. B. an verschiedenen Stellen der Erzählung ›Kleider machen Leute‹ und in den ›Mißbrauchten Liebesbriefen‹.«

Ebd.

Für den Literaturbetrieb des Deutschen Reiches am gewichtigsten war sicherlich die Besprechung Berthold Auerbachs (1812–82), die dieser 1875 in der ein Jahr zuvor von Julius Rodenberg gegründeten, aber mittlerweile schon sehr renommierten »Deutschen Rundschau« gab. Nicht nur war Keller dort selbst Mitarbeiter: Die »Züricher Novellen« sollten 1876, »Das Sinngedicht« 1881 und »Martin Salander« 1886 im Vorabdruck in der »Deutschen Rundschau« erscheinen. Auerbach, dessen »Schwarzwälder Dorfgeschichten« seinerzeit überaus berühmt waren, hielt sich für den Entdecker des Novellenerzählers Keller, dessen »Fähnlein der sieben Aufrechten« 1861 in Auerbachs »Deutschem Volkskalender« erschienen war. Der etwas gönnerhafte Tonfall Auerbachs ist aus seiner Rezension deutlich herauszuhören:

»Naturen wie der Alemanne Peter Hebel und der Alemanne Gottfried Keller, die nicht in fortgesetzter dichterischer Berufsarbeit stehen, haben für ihre einzelnen Productionen eine besonders günstige Stellung.

Sie leben – noch dazu in Staatsbedienstungen – das unmittelbare Leben für sich fort und folgen nur der Lust eines besonderen Anreizes, freie Gestaltungen aus Wahrnehmung und Phantasie zu bilden. Geschieht das aber, dann ist jedes Wort und jede Wendung nicht nur gesättigt von reichen Anschauungen, sondern fließt auch aus einer von Innen quellenden Fülle des Empfindungsstromes.

Für uns Berufsgenossen ist ein neues Werk von Gottfried

Keller immer die Sicherheit eines Festschmauses, und wir wissen, die Speisen sind nicht aus der Garküche geholt und wieder aufgewärmt, sondern am eigenen Herde und mit besonderer Würze gekocht. Vor neunzehn Jahren, im Jahre 1856, sind die ersten beiden Bände der Leute von Seldwyla erschienen. Ich freue mich, sagen zu können, daß ich einer der Ersten war, der die hohe Bedeutung Gottfried Keller's sofort öffentlich aussprach, wie auch, daß der frühere Roman des Dichters: ›Der grüne Heinrich‹, trotz mannigfaltiger Compositionsfehler und der gewaltsamen Schlußwendung doch Schönheiten von solchem Range enthält, die dem Besten in deutscher Sprache an die Seite zu stellen sind.«

Berthold Auerbach: Gottfried Keller's Neue Schweizergestalten. In: Deutsche Rundschau. 10. Juli 1875. S. 34.

In Kellers »Die Leute von Seldwyla« findet AUERBACH seinen eigenen Anspruch einer Literatur erfüllt, die zwischen romantischem und realistischem Erzählen angesiedelt ist:

»Im Muthe der Phantasie steht Gottfried Keller keinem der Romantiker nach, aber er übertrifft sie an Gestaltungsfähigkeit. Denn sein Muth ist ein gesunder. Im Gegensatz zu den Romantikern wählt er nicht, wie sie, Musiker, Maler, Dichter oder gar Seiltänzer, die allen physiologischen und psychologischen Gesetzen der Zweibeiner spotten und staunenerregende Verrenkungen machen können. Ihm genügt eine nüchterne Gestalt, wie ein Schneider mit einigen seltsamen Attributen. Er verzichtet aber nicht auf jenes Privilegium des Dichters, daß man ihm gegenüber dem bloßen Alltag und der gemeinen Realität einige Schritte vorgeben muß. Beim Beginn mancher Erzählung Gottfried Keller's denkt der Leser bei sich: Ei, das ist ja nicht möglich, das ist übertrieben u.s.w. Aber ist er nur erst einige Schritte gefolgt, so steht er in dem Zauber der dichterischen Atmosphäre, und unser Dichter entläßt ihn nicht mehr daraus.
Bei den Romantikern sind die Menschen und die Abenteuer

unberechenbar. Die logischen Consistenzen in den Charakteren und die logischen Consequenzen in den Zuständen und Ereignissen sind aufgehoben, zur traumhaften Phantastik gemacht. Gottfried Keller versetzt uns auch in überraschende, nicht vorhergesehene abenteuerliche Erlebnisse; aber sind sie eingetreten, so sehen wir, daß sie grundhaltig vorbereitet waren. Er hält die Figuren fest und zwingt die Verhältnisse in das Maß.«

Ebd. S. 39.

Das gilt auch und erst recht für »Kleider machen Leute«:

»Die humoristischen Erzählungen gehen voraus. Die erste ist betitelt: ›Kleider machen Leute.‹ Was enthält sie? Einen scheinbar ganz trivialen Vorwurf: Ein stromender Schneider, der für einen Grafen gehalten und schließlich als Schneider erkannt wird. Das hat scheinbare Aehnlichkeit mit den Vagabunden und Taugenichtsen der Romantiker. Solch ein Thema hätten Andere luftig romantisch in Eichendorff'scher Weise oder in grauer, sogenannter strenger Realistik durchgeführt. Gottfried Keller vermeidet Beides, er macht eine anmuthige Geschichte mit dem Hintergrunde zweier Städte daraus, wie eben nur er es machen kann. Es bringt uns in solche Sympathie mit Strapinski, daß wir Alles selbst mitthun, und daneben läßt er die leise Ironie durchschimmern, daß in den Republiken – wie Amerika, wie in der Schweiz – der vornehme Name und was drum und dran, noch seinen besonderen Reiz hat. Es wird jeden Leser schön anmuthen, wie die Reihe der Schlitten aus dem Walde hervorkommt; für den Kunstgenossen aber ist diese mit einfachsten Mitteln erzeugte Wirkung noch eine besondere Lust. Und wie humoristisch und innig zugleich ist Wendung in Empfinden und Thun von des Amtsraths Nettchen.«

Ebd. S. 42.

Zwiespältiger und differenzierter zugleich ist das Urteil Theodor Fontanes (1819–98). Fontanes uneingeschränktes Lob gilt zunächst dem Grundton in den »Leuten von Seldwyla«:

»Alle diese Erzählungen – allenfalls mit Ausnahme von einer – sind reizend zu lesen. Sie bewegen uns das Herz, wir begleiten sie unter Weinen und Lachen, überall sprechen Liebe, Sorgfalt und ein durchaus originaler Dichtergeist zu uns. Nichts komischer als solchen Arbeiten gegenüber von dem Verfall deutscher Dichtung, von der Oberflächlichkeit moderner Produktion sprechen zu hören! Das Umgekehrte ist richtig; nie ist sauberer, sorglicher, liebevoller gearbeitet worden. Dabei nichts von Schablone. Jede einzelne Erzählung ist wieder ein Ding für sich. Alles hat freilich eine Familienähnlichkeit, weil es derselben eigenartigen Natur entsprossen ist; nichtsdestoweniger sind sie untereinander nicht zu verwechseln. Sie hatten alle Zeit, zu reifen, entstanden nicht hastig *mit*einander, sondern langsam *nach*einander; so hat jede ein Gesicht für sich.«

Theodor Fontane, Gottfried Keller: Die Leute von Seldwyla. In: Th. F.: Sämtliche Werke. Abt. 3. Bd. 21,1: Literarische Essays und Studien. Ges. und hrsg. von Kurt Schreinert. München: Nymphenburger Verlagshandlung, 1963. S. 256.

Im Märchenton, wenn er durchgehalten wird, liegt für Fontane die Stärke der Kellerschen »Seldwyla«-Erzählungen:

»Gottfried Keller, und dies erklärt alles, ist au fond ein Märchenerzähler. Was nach dieser Seite hin liegt, ist mustergültig, wenigstens in den meisten Fällen. Er erzählt nicht aus einem bestimmten Jahrhundert, kaum aus einem bestimmten Lande, gewiß nicht aus ständisch gegliederten und deshalb sprachlich verschiedenen Verhältnissen heraus, sondern hat für seine Darstellung eine im *wesentlichen sich gleichbleibende Märchensprache*, an der alte und neue Zeit, vornehm und gering gleichmäßig partizipieren. Historie, Kultur- und Sittengeschichte kümmern ihn nicht; er ordnet alles einem poetischen Einfall, der auf ihn selber wirkte und von dem er sich deshalb auch Wirkung auf andere verspricht, unter und legt sich nicht die Frage vor, ob all das, an gegebenem Ort und zu gegebener Zeit, überhaupt möglich war. Die meisten Leser, unbefangen wie Kinder, weil sie mit ihrem historischen Wissen auf einem Kinderstandpunkt stehen, gehen leicht darüber hin, bemerken es nicht oder bestreiten wohl gar die Berechtigung dieser Ausstellung; wer aber die begangenen Fehler als solche erkennt, zuckt mitunter zusammen und wird unwirsch, weil ihn die Unwahrheit der mit einer gewissen Prätention auftretenden Situationen verdrießt.«

Ebd. S. 256 f.

»Man darf also füglich sagen: Je mehr nach dem bewußten Wollen Gottfried Kellers, also nicht bloß von ohngefähr, seine Erzählungen *Märchen* sind, desto besser sind sie auch. Denn dies ist sein eigentlichstes Gebiet. ›Die drei gerechten Kammacher‹, ›Kleider machen Leute‹, ›Der Schmied seines Glückes‹ sind ausgezeichnet, besonders die beiden letzteren.«

Ebd. S. 258.

Die allgemeine Anerkennung des Erzählers Keller steht damit an einem Wendepunkt. Mit dem Tod des Dichters 1890 setzt sogleich eine vorsichtige, moralisierende Kritik am realistischen Humor Kellers ein. Schon FRIEDRICH THEODOR VISCHER hatte 1874 bei allem einfühlenden Verständnis Schwierigkeiten mit Nettchens »Schneuz« (vgl. Anm. zu 41,11) gehabt:

»In ›Kleider machen Leute‹ hat der Dichter zu erklären, wie sich Nettchen aus Schreck und Scham ermannt; sie vergießt bittere Thränen; ›da man aber, wenn man weint, fast immer zugleich auch die Nase schneuzen muß, so sah sie (bisher in den Schleier verhüllt und mit diesem die Thränen trocknend) sich doch genöthigt, das Taschentuch zu nehmen, und that einen tüchtigen Schneuz, worauf sie stolz und zornig um sich blickte‹ u.s.w. – wer sich daran stößt der – stoße sich eben!«

Vischer. S. 188.

Solche ›Anstößigkeiten‹ werden nun bevorzugt herausgegriffen; so von Jakob Mähly:

»Auch in unserem Jahrhundert ist es einer Dame, wie jenem Nettchen in ›Kleider machen Leute‹ gestattet, ›einen tüchtigen Schneuz zu thun‹, *nur sagen es die Dichter nicht immer*. ›Und Kathinka, dieses Saumensch, geht im Schmutz bis an die Knöchel‹, singt in derselben Novelle der Schneider-Bräutigam; es ist zwar ein polnisches Lied (dessen Inhalt er gar nicht einmal kennt), aber sicherlich doch auch ein derbes, recht derbes Lied [...].«

Jakob Mähly: Gottfried Keller. In: Die Gegenwart. 38 (1890) Nr. 35. S. 134.

Literaturgeschichtlich interessanter ist aber die gleichzeitige heftige Kritik durch die junge naturalistische Bewegung, die für den behaglichen Humor und das Verklärungsprinzip des ›Poetischen Realismus‹ kein Verständnis mehr hat. Konrad Alberti (1862–1918) vertritt mit seinem Keller-Aufsatz in Michael Georg Conrads Wochenschrift »Die Gesellschaft« (1889, H. 9) das literarische Programm des Naturalismus:

»Ich befinde mich bei einer Beurteilung Kellers in eigentümlicher Lage. Rund heraus erklärt: ich verstehe ihn nicht. Ich maße mir an, Goethe, Shakespeare, Dante, die Nibelungen, Aeschylos, Homer so gut und vollständig zu verstehen wie nur irgend ein angestellter und bezahlter Professor einer deutschen Universität. Aber Keller ... da steht mein Verstand am Berge, da kann ich nur einfach die Achseln zucken. Ich würde sagen: er ist der langweiligste, trockenste, ödeste Philister, seine Novellen sind Dutzendgeschichten, wie sie in jedem Kalender zu finden sind – [...] Nichts als die ödesten Vorgänge aus dem Leben der traurigsten Alltagsphilister und Spießbürger! Was geht das mich an, ob ein hungriger Schneider seiner verschnürten Jacke wegen für einen polnischen Grafen gehalten wird? [...] ›Aber‹, wird man mir entgegnen, ›du selbst stellst ja in deinen Novellen mit Vorliebe kleinbürgerliches Leben dar?‹ – Ja, das ist denn

doch ganz was anderes. Ich stelle es dar, nicht aus Behagen an demselben, nicht um bloß die Schicksale des Schneiders Soundso zu berichten, sondern um zu zeigen, wie die großen Gesetze, welche das Leben der Nationen, den Wandel der Planeten, den Gang der Weltgeschichte beherrschen, ewig und allherrschend sind, und in dem kleinsten Vorgang, den Schicksalen der bescheidensten Einzelexistenz ganz ebenso gelten und ihre Wahrheit erweisen. Meine Geschichten aus dem Volke sind ein Ausfluß meiner pantheistischen Weltanschauung, insofern das Naturgesetz für mich die höchste Erscheinungsform ist, in der der Mensch das Göttliche zu erkennen vermag. Ich versuche (ob mit Erfolg, das ist eine andere Frage, die hiermit nichts zu tun hat) das Göttliche im Alltäglichsten darzustellen. In diesem Sinne fasse ich auch nur die sozialen Schöpfungen Kretzers, Ibsens, Dostojewskijs, Zolas auf. Bei Keller ist aber (Romeo und Julia vielleicht ausgenommen) davon nichts zu spüren, ihn treibt das bloße Behagen am Alltäglich-Philiströsen zum Schaffen. Meister Timpe, die Wildente, Raskolnikow, Pot-Bouille: das lasse ich mir gefallen, Hut ab! Aber die ›Vertauschten Liebesbriefe‹ – zum Wurstmacher damit!
Auch in der Darstellung hat nach meiner Meinung Keller nichts, was ihn über die platteste Trivialität erhöbe. Sie ist von einer greisenhaften Farblosigkeit, Nüchternheit, Eintönigkeit, wie in den schlechtesten Schriften des alten Goethe. Nicht ein ursprünglicher, packender Naturlaut, nicht ein Funke zündender Rhetorik: Alles grau in grau, ohne Wärme, Farbe, Klang. Die Sprache entweder nüchtern, platt, zeitungsmäßig, oder erkünstelt und erdrechselt, nichts Freies, Ganzes, Volles; angetrunkene Leidenschaft und ausgeklügelter Witz; Wendungen, deren Satzbau, deren Wortverbindungen abstoßend wirken, weil man ihnen die einstudierte Absicht anmerkt, naiv zu erscheinen.«

Zit. nach: Zäch. S. 118–121.

Etwa ab 1890, so kann man zusammenfassen, hat der Erzähler Keller nur vorwiegend konservativen Lesern etwas zu sagen. RICARDA HUCH (1864–1947) urteilt:

»Gegenüber dem älteren Grünen Heinrich waren die Leute von Seldwyla ein Fortschritt; eine Reihe auserlesener, künstlich geschliffener und gefaßter Edelsteine, die die Schönheit, die Schrecken und die Wunder des Lebens im Lichte blitzen lassen. Der dionysische Dichter löst unsere Gebundenheit und läßt uns die Welt mit seinem Auge als ein in sich selbst begründetes Bild schauen. Nicht daß er uns die Wirklichkeit verschleierte oder uns durch Betäubung ihr entzöge: in einem wahrhaft heiligen Rausche läßt er uns in strahlender Klarheit unsere Flüchtigkeit und Bedingtheit gegenüber der ewigen Schönheit außer uns erkennen, in deren Anschauung wir eine geheimnisvoll ausgleichende Seligkeit genießen lernen. Die wunderlichen Helden: Pankraz der Schmoller, die Kammacher, von Neid und Tugend ausgehöhlt, der allzufeine Glücksritter John Kabys, der melancholische Schneider, ziehen vorüber als farbige Sinnbilder des eitlen schönen Lebens, unvergängliche Geschöpfe einer geistigen Welt, die sich mit der körperlichen überall durchwächst und durchwirkt. Was aber diese Novellen vor anderen auszeichnet, ist eigentlich doch das, daß es dem Dichter bis zu einem hohen Grade gelungen ist, das Verwesliche des Stoffes in der Glut seines arbeitenden Geistes zu tilgen, so daß die Form leicht, klar und dauerhaft geworden ist und das beglückende Gefühl, etwas Vollendetes anzuschauen, erregt.«

Ricarda Huch: Gottfried Keller. Leipzig: Insel, 1914. (Insel-Bücherei. 113.) S. 47.

Auf sehr eigenwillige Weise hat HUGO VON HOFMANNSTHAL (1874–1929) in seiner »Unterhaltung über die Schriften von Gottfried Keller« (1906) zu den »Leuten von Seldwyla« Stellung genommen:

»Denn ich bekam die ›Leute von Seldwyla‹ schön gebunden, als Abschiedsgeschenk von Mutius, als ich von Petersburg fortkam, und später dann in Rom las ich öfter darin, ohne mich in diese wunderliche, halb spießbürgerliche, halb phantastische Welt recht hineinzufinden, und besaß das Buch schon eine ganze Weile, ohne recht zu merken, was seine Stärke ausmacht. Die liegt gerade in der unbegreiflich feinen und sicheren Schilderung gemischter Zustände. Von denen ist ja die Welt so voll, daß man, wenn man gezwungen ist, viel unter die Leute zu gehen, fast auf nichts anderes stößt als auf die sonderbarsten Kombinationen von Anmaßung und Unsicherheit, von Hochmut und Bassesse, von Großtuerei und Feigheit, von Prahlerei, die in Hilflosigkeit umschlägt, oder von Eitelkeit, die zur Böswilligkeit abbiegt. Jeder zweite steckt in einer schiefen Position oder betreibt die Verschleierung von allem möglichen vor sich selber oder vor anderen. Und das alles führt selten zu Katastrophen, sondern vollzieht sich in kaum definierbaren Übergängen; die sind aber so im Schatten, und die Farben liegen so aufeinander, daß man kaum etwas davon sieht. In den Büchern von Keller liegt aber dies so im Licht, als wäre einer mit einem Schwamm von Öl über die dunkelsten Stellen eines verjährten Bildes gefahren. Wenn man sich in ihn hineingelesen hat, ist einem der Sinn geweckt für ganz unglaubliche Übergänge vom Lächerlichen ins Ergreifende, vom Patzigen, widerlich Albernen ins Wehmütige. Ich glaube, keiner hat wie er die Verlegenheit gemalt, in allen ihren Tönen, auch die ultravioletten, die man für gewöhnlich nicht zu sehen bekommt, mitgerechnet.«

Hugo von Hofmannsthal, Unterhaltung über die Schriften von Gottfried Keller. In: H. v. H.: Erzählungen, Erfundene Gespräche und Briefe, Reisen. Frankfurt a. M.: S. Fischer, 1979. (Fischer-Taschenbuch. 2165.) S. 511 f.

Erst recht nach dem Ersten Weltkrieg tat man sich mit Kellers Erzählungen schwer. 1919, zum 100. Geburtstag, schreibt GERHART HAUPTMANN (1862–1946) für die »Frankfurter Zeitung« eine Würdigung, die kaum mehr als eine Pflichtübung ist:

»Über Kellers Werk sich in diesem Augenblick eingehend zu verbreiten, erübrigt sich: es ist bekannt und ist klassisch geworden. Dieses wundervolle Denkmal poetischer Gestaltungskraft könnte nur mit der deutschen Sprache, dem deutschen Wesen selbst untergehen. [...]
Keller, der seelenruhige Betrachter, lehnt versonnen, gleichsam aus dem Giebelfenster eines Patrizierhauses, betrachtet die Leute auf der Gasse, betrachtet, was im Hause gegenüber, was auf den Dächern, was an den Berglehnen und hinter den Dächern, in Wald, Feld, Weide und Weiler geschieht. Er ist mit der Seele auf dem Rathaus und erwägt das Schicksal von Stadt und Vaterland. Insoweit ist er schweizerischer Ratsherren- und Bürgergeist. (Wenn sich auch sein Betrachtertum zum Sehertum steigert!). In seiner Werkstatt ist er ein anderer. [...]
Kellers Werk ist gewachsen und ist gearbeitet. Es ist, natürlich in übertragenem Sinne, gegossen, gehämmert, gefeilt. Es hat jenes Köstliche an sich, was recht wohl mit reicher Goldschmiedekunst vergleichbar ist. Aber es geht in seinem beweglichen Glanz, in der unausweichlichen, lebendigen Realität seiner Gestalten darüber hinaus. Es ist durchdrungen von kindhaftem Lebensglück. Davon ist ein Vibrieren in seinen kleinsten Teilen. Es ist durchleuchtet von einer warmen Festlichkeit, jener wundervollen Festivitas aller wahren Kunstwerke. Die deutsche Romantik ist dagewesen: das Kellersche Werk verleugnet sie nicht. Allein die Romantik hat keinen Gestalter von gleicher Kraft und gesunder Männlichkeit.«

Zit. nach: Zäch. S. 245 f.

Sehr viel deutlicher legt Hermann Hesse (1877–1962) in seinem Aufsatz »Seldwyla im Abendrot. Zu Gottfried Kellers 100. Geburtstag am 19. Juli« den Finger auf die Wunde; die mittlerweile vollendete Klassizität des Dichters läßt die Auseinandersetzung mit seinem Werk zu einem antiquierten und überflüssigen Geschäft werden:
»Die literarische Jugend dieser Tage weiß wenig mehr von

Gottfried Keller. Er gehört für sie zu den alten Onkeln, die daheim in der Familienbibliothek stehen und gewiß ihre Verdienste haben, die einen innerlich aber kühl lassen und nicht zu brennendem Mitschwingen hinreißen. In unserer Jugendzeit war das anders, da war, inmitten einer wenig aufregenden Tagesliteratur und bei tiefer politischer Stille, Gottfried Keller der Dichter, bei welchem wir glühende Nächte verbrachten, dessen unerhörte Kunst uns Vorbild und Ziel war, dessen schöne Harmonie wir aus scheuer Ferne wie etwas Heiliges verehrten. Gewiß, alles gab er uns nicht, schon für Damalige war nicht er der Dichter und Rufer unserer Zeit mehr, sondern Nietzsche, und an Nietzsche gemessen, gewann schon damals Keller etwas Fernes, Historisches, obwohl er kaum eben gestórben war. Dostojewski und Nietzsche, die wiesen nach morgen und übermorgen hin. Keller wies, auch damals schon, zurück in eine Vergangenheit.«

Zit. nach: Zäch. S. 247 f.

Die bürgerlichen Wertvorstellungen des 19. Jh.s kommen – so Hesse weiter – gegen den beschleunigten Zeitwandel nicht mehr an:

»Unsere Zeit ist eine andere, unser Schicksal ein anderes. Den Glanz der Vollkommenheit über seinen Werken sehen wir jetzt wie ein Abendrot über einem Tage, der nicht mehr der unsere ist. Das Schicksal hat sich inzwischen vollzogen, im verbrannten Europa ist Seldwyla zur freundlichen Kuriosität geworden.

Dieselben Leute, die einst Deutschlands Hoffnung ganz auf Geld und Kanonen bauten, erzählen uns heute, wo Geld und Kanonen weg sind, mit Vorliebe vom deutschen Gemüt und dergleichen Dingen und versuchen eine resignierte Gemütsromantik heranzuziehen. Sie werden vermutlich ebenso Keller zitieren und für sich in Anspruch nehmen, wie sie es mit Goethe und anderen tun. Es ist uns damit aber nicht gedient. Das Liebäugeln mit einer Vergangenheit, deren beste

Güter wir damals in unserem ganzen Tun und Leben mit Füßen traten, kann uns nicht helfen.«

Ebd. S. 249 f.

Ganz anders das Urteil des in Örlikon erscheinenden »Echo vom Zürichberg« (vom 24. Juli 1919) anläßlich der 100. Geburtstagsfeier Kellers:

»Am 19. Juli hat man den Geburtstag eines Mannes gefeiert, der etwa zehn Bücher geschrieben hat, Bücher, die nach allen Richtungen hin schon längst und vielfach überholt worden sind.«

Zit. nach: Zäch. S. 258 f.

Seit dem Tode Kellers jedenfalls, spätestens mit dem Erscheinen der dreibändigen Keller-Biographie von Jakob Baechtold (Berlin 1894–97) und zahllosen Erinnerungsbänden, beginnen sowohl die literaturwissenschaftliche Auseinandersetzung als auch die breite Rezeption Kellers als eines Klassikers für Haus und Schule, die bis heute anhält. Schon 1922 kann Wilhelm Olbrich in seiner Bestandsaufnahme der Keller-Rezeption in Deutschland feststellen:

»Die Werke des Dichters erschienen in immer neuen Auflagen. Nachdem 1901 die Cottasche Buchhandlung in Stuttgart den Verlag Hertz übernommen hatte, folgten auch Einzelausgaben in der bekannten ›Handbibliothek‹: 1903 die ›Kammacher‹, dann ›Romeo und Julia‹. Die ›Legenden‹ kamen in einem Separatdruck in Miniaturausgabe, ›Amrain‹, ›Kleider‹ und ›Dietegen‹ wurden für die Schule bearbeitet. Vor allem aber wurde das ›Fähnlein der sieben Aufrechten‹ seit 1902 in der billigen Ausgabe der ›Wiesbadener Volksbücher‹ eine beliebte Schul- und Familienlektüre und in stenographischem Druck ein unterhaltendes Lehrbuch. Auch die Kunst bemächtigte sich der einzelnen Novellen, und zwar erschienen als erste die ›Kammacher‹ in sehr modernen Gravüren. Die Gesammtausgabe, die Cotta bis 1918 getrennt verkaufte, wurde 1919 durch die ›Jubiläumsausgabe‹ beschlossen. Von da an gab es ein Jahr lang die Kellerschen

Werke nur im Gesamten, aber der lebhafte Absatz, der immer neue Auflagen bis zur Luxusausgabe im Goldschnitt erforderte, sprach von der Beliebtheit des Dichters. Seit dem 30. Todestag erschienen dann die verschiedensten Kunst- und Separatdrucke der einzelnen Novellen und seit der Freigabe am 1. Januar wird die Zahl der Ausgaben unübersichtlich und gewaltig. Seit der Veröffentlichung durch Reclam ist der Aufnahme des Dichters selbst bei der schwierigen Lage des heutigen Büchermarktes auch in den weitesten Schichten des Volkes wenigstens finanziell keine Schranke mehr gesetzt. Ohne Zweifel wird Gottfried Keller der meistgekaufte Schriftsteller dieses Jahres sein.
Ueberblickt man die Auflagenzahl der Werke so, wie sie sich 1918 darstellt, so sind die ›Leute von Seldwyla‹ und die ›Zürcher Novellen‹ mit der 95. Auflage die Meistgelesenen.«

Wilhelm Olbrich: Die Aufnahme Gottfried Kellers in Deutschland. Diss. München 1922. [Masch.] S. 202.

Eine literarische Form der Wirkungsgeschichte von »Kleider machen Leute« findet sich in der 1955 geschriebenen und 1956 zuerst erschienenen Erzählung »Die Panne. Eine noch mögliche Geschichte« des Schweizer Dramatikers und Schriftstellers Friedrich Dürrenmatt (geb. 1921). Um die Parallelen und Motivähnlichkeiten zwischen Kellers und Dürrenmatts Erzählungen aufzuzeigen, sei vorab eine knappe Inhaltsangabe der »Panne« gegeben:

»Dürrenmatt sucht eine Lösung, indem er seinen ganz durchschnittlichen Helden, Alfredo Traps, Textilreisender, von einer alltäglichen Autopanne zur schicksalhaften Erkenntnis seiner selbst führt.
Ein Motorschaden bei seiner Heimfahrt bringt ihn mit vier älteren Herren zusammen, die ihn zu einem ›Gerichtspiel‹ einladen, das ihnen auf ihren Herrenabenden in Fortsetzung ihrer früheren Berufe als Richter, Staatsanwalt, Verteidiger und Henker zum Zeitvertreib dient. Traps, scherzhaft seine Unschuld beteuernd, übernimmt die Rolle des Angeklagten,

ohne die lakonische Bemerkung des Staatsanwaltes, eine Schuld werde sich schon finden lassen, zu beachten. Während des erlesenen Abendessens beginnt, von Traps zunächst unbemerkt, das Verhör, in dessen Verlauf, häufig unterbrochen durch den Wechsel der Speisen und Bekundungen der gegenseitigen Sympathie, der harmlose Traps zur Erkenntnis seiner Schuld am Tode seines erst kürzlich an einem Herzinfarkt verstorbenen Chefs gebracht wird. Umtost von allseitigem Jubel verkündigt der Staatsanwalt, angefeuert von Traps selbst, das Todesurteil. Verfolgen die alten Herren dieses Spiel mit immer wachsendem Vergnügen, so beginnt in dem staunenden Traps eine Ahnung von höheren Dingen, von Gerechtigkeit, Schuld und Sühne, aufzusteigen. Er fühlt sich wie ›neu geboren‹, das Spiel kippt für ihn in Wirklichkeit um. Als ihm die Herren am nächsten Morgen zum humorvollen Andenken das auf ein Stück Pergament gekritzelte Todesurteil aufs Bett legen wollen, erblikken sie Traps am Fenster erhängt.«

C[laus] P. S[chmid]. In: Kindlers Literatur Lexikon. Zürich: Kindler, 1969. Bd. 5. Sp. 1325 f.

Die Handlung beginnt mit einer ähnlichen Situation wie in »Kleider machen Leute«, freilich ins Moderne verschoben:

»Unfall, harmlos zwar, Panne auch hier: Alfredo Traps, um den Namen zu nennen, in der Textilbranche beschäftigt, fünfundvierzig, noch lange nicht korpulent, angenehme Erscheinung, mit genügenden Manieren, wenn auch eine gewisse Dressur verratend, indem Primitives, Hausiererhaftes durchschimmert – dieser Zeitgenosse hatte sich eben noch mit seinem Studebaker über eine der großen Straßen des Landes bewegt, konnte schon hoffen, in einer Stunde seinen Wohnort, eine größere Stadt, zu erreichen, als der Wagen streikte. Er ging einfach nicht mehr. Hilflos lag die rotlakkierte Maschine am Fuße eines kleineren Hügels, über den sich die Straße schwang; im Norden hatte sich eine Kumuluswolke gebildet, und im Westen stand die Sonne immer noch hoch, fast nachmittäglich.«

Friedrich Dürrenmatt: Die Panne. Eine noch mögliche Geschichte. In: F. D.: Werkausgabe in 29 Bänden. Hrsg. in Zsarb. mit dem Autor. Bd. 20: Erzählungen. Zürich: Arche Verlag, 1980. S. 40.

Im folgenden seien einige Parallelen und Motivähnlichkeiten zwischen »Kleider machen Leute« und der »Panne« aufgelistet: Da ist der Beruf zu nennen, denn auch Dürrenmatts Protagonist ist »in der Textilbranche« (S. 40, 51). – Auch Strapinski ist eingangs der Erzählung unterwegs, ihm fällt das *Fechten* (vgl. Anm. zu 3,17) so schwer wie Traps seine Vertretertätigkeit: »zog mit einem Köfferchen von Haus zu Haus. Harte Arbeit, tippeln, übernachten in Heuschobern, zweifelhaften Herbergen« (54). – Der Rolle des falschen Grafen entspricht Traps' Spitzname »Marquis de Casanova« (S. 52). – Der für Kellers Erzählung so wichtige Begriff des Zufalls (vgl. Anm. zu 12,3) spielt auch bei Dürrenmatt eine entscheidende Rolle: »Was beim Bürger, beim Durchschnittsmenschen als Zufall in Erscheinung trete, bei einem Unfall, oder als bloße Notwendigkeit der Natur, [...] trete hier als notwendiges moralisches Resultat auf, erst hier vollende sich das Leben folgerichtig, im Sinne eines Kunstwerkes« (S. 91; vgl. auch S. 51 und 87). – Wie Strapinski so gerät auch Traps in einen »Herrenabend« (S. 42) mit ausführlich geschildertem erlesenen Abendessen (»ein Menu wie aus dem vorigen Jahrhundert«, S. 55), wie jener wird er in ein »Spielchen« verwickelt (S. 45). – Beider Jugendgeschichte wird in Form eines Geständnisses rekapituliert, *einziges Kind* (48,16) und *bei größter Armut* (48,19) heißt es von Strapinski, »harte Jugend«, »einziges Kind« (S. 53) von Traps. – In beider Dasein spielt die »Landstraße« (S. 83; s. auch S. 40) eine bedeutsame Rolle; beide erfahren am Ende des Geschehens eine Art »Neugeburt« (S. 89).

VI. Texte zur Diskussion

Die fällige Neubewertung der Kellerschen Erzählkunst hat 1927 WALTER BENJAMIN (1892–1940) in der Auseinandersetzung mit Ricarda Huchs Kellerbüchlein[1] in Angriff genommen. Den Anlaß bildeten die seit 1926 erscheinenden, von Jonas Fränkel herausgegebenen »Sämtlichen Werke« Kellers, die Benjamin in »Die Literarische Welt« vom 5. 8. 1927 besprach. Benjamin hat diesen Keller-Aufsatz selbst als eine seiner wichtigeren Arbeiten bezeichnet, »in der ich mir schmeichle, einiges untergebracht zu haben, was sich schon lange auf meinen Gehirngassen herumtrieb«[2]:

»Erstmalige gültige Einsicht in Kellers Werk ist an eine allgemach fällige Umwertung des neunzehnten Jahrhunderts gebunden, die allein mit den Verlegenheiten der Literarhistoriker aufzuräumen imstande sein wird. Wem müßte nicht heute schon der grundverschiedene Wertakzent auffallen, den dies Jahrhundert in der bürgerlichen und in der materialistischen Literatur hat? Und wem nicht sicher sein, daß Kellers Werk einer Betrachtung aufbehalten bleibt, die den historischen Grund, auf dem es erbaut ist, für ihr Erbe erklären kann? Das kann die bürgerliche Literarhistorie für den Materialismus und den Atheismus Kellers nicht tun. Nicht mehr tun. Denn allerdings war dieser Atheismus – der ihm bekanntlich in den Heidelberger Jahren von Feuerbach überkommen war – nicht subversiv. Er lag vielmehr im Sinne einer starken, siegreichen Bourgeoisie. Nicht aber auf

1 »Ich hoffte«, schreibt Benjamin in einem Brief an Hofmannsthal, »mich, wenn auch nur durch Kontraststimmung, nach Abschluß des Aufsatzes durch die Lektüre von Ricarda Huchs Inselbüchlein über Keller dazu [zur Berücksichtigung eines »anderen übersehenen Keller«] bestimmen zu können; aber mein Widerwille gegen diese salbungsvollen, kurzbeinigen Satzhaufen war so groß, daß ich garnichts davon hatte.« (Gesammelte Schriften. Bd. 2,3. Hrsg. von Rolf Tiedemann und Hermann Schweppenhäuser. Frankfurt a. M. 1977. S. 1011.)

2 Ebd. S. 1010.

ihrem Wege zum Imperialismus. Die Reichsgründung bedeutet auch ideologisch in der Geschichte des deutschen Bürgertums einen Bruch. Der Materialismus – der philiströse wie der dichterische – verschwindet. Die Schweiz hat wohl am längsten in ihren oberen Schichten Züge des vorimperialistischen Bürgertums festgehalten. (Und sie tut es noch heute: so fehlt ihr das savoir vivre der Spekulanten, mit dem die imperialistischen Staaten die Sowjetherrschaft rechtlich anerkannt haben.) Auch hat der schweizerische Charakter vielleicht mehr Heimatliebe und weniger nationalistischen Geist in sich genährt als irgendein anderer. Aus Basel sind gegen Ende von Kellers Leben Nietzsches helle Warnungen vor dem Geiste des neuen Reiches ergangen. Und Keller, der in seiner Münchner Zeit zu handwerklichem Nebenerwerb von Hause mehr als ihm lieb war sich aufgefordert sah, repräsentiert eine Klasse, die, was sie mit dem handwerklichen Produktionsprozeß verband, noch nicht völlig durchschnitten hatte.«

Walter Benjamin: Gottfried Keller. Zu Ehren einer kritischen Ausgabe seiner Werke. In: W. B.: Gesammelte Schriften. Bd. 2,1: Aufsätze, Essays, Vorträge. Hrsg. von Rolf Tiedemann und Hermann Schweppenhäuser. Frankfurt a. M.: Suhrkamp, 1977. S. 284 f.

Kellers Humor erscheint unter dieser Perspektive nicht als bloße Stileigentümlichkeit, sondern als ein Strukturprinzip »bürgerlichen« Erzählens:

»Aber hier eben wölbt sich die Schwelle des ›bedenklichen‹ Grotten- und Höhlensystems, welches, je tiefer es in Keller selbst hineingeleitet, desto unmerklicher die Rhythmik des bürgerlichen Stimmen- und Meinungslärms verschränkt und endlich verdrängt mit den kosmischen Rhythmen, die es im Innern der Erde auffängt. Suchen wir für dies Grotten- und Höhlenwunder den Namen, so heißt es: Humor. Das leiser und melodischer gestimmte Lachen Kellers ist in den irdischen Gewölben so gut zu Hause wie in den himmlischen das des Homer. Man hat aber noch jedesmal erlebt, daß man zu einem großen Autor sich den Zugang verbaut, wenn man davon ausgeht, er sei Humorist. So ist auch Kellers Humor nicht goldne Politur der Oberfläche, sondern der unberechenbare Anlageplan seines melancholisch-cholerischen Wesens. Dem folgt er in den bauchigen Arabesken seines Vokabulars. Und wenn er vor den bürgerlichen Satzungen Respekt bekundet, so hat er ihn in der Willkürwelt des Innern erlernt, und Kellers leidenschaftlichster Affekt, die Scham, liegt beiden zugrunde. In seiner Weise ist der Humor eine Rechtsordnung. Er ist die Welt der urteilslosen Vollstreckung, in der Verdikt und Gnade im Gelächter laut wird. Das ist der ungeheuere Vorbehalt, aus dem Kellers Schweigen und Dichten beredt wird. Von Rede, Urteil und Verurteilung hat er wenig gehalten – wieviel erst von moralischer, das sagen die Schlußworte jener Liebesnovelle. Dem zum Denkmal hat er Seldwyla erbaut am Südabhange jener Hügel und Wälder, an deren nördlichem die Stadt Ruechenstein liegt, deren Bewohner ›zu ihren Hinrichtungen, Verbrennungen und Schwemmungen ... ein windstilles, freundliches Wetter‹ liebten, daher dort ›an recht schönen Sommertagen immer etwas vorging‹. Es war ihm ausgemachte Sache, daß wohl ›eine ganze Stadt von Ungerechten oder Leichtsinnigen zur Not fortbestehen kann im Wechsel der Zeiten‹, daß aber ›nicht drei Gerechte lang unter einem Dache leben können, ohne sich in die Haare zu geraten‹. Die süße, herzstärkende Skepsis, die unter angelegentlichem Schauen reift, und wie ein starkes Arom aus Menschen und Dingen des liebenden Betrachters sich bemächtigt, ist nie in eine Prosa wie in Kellers eingegangen. Sie ist von der Vision des Glücks untrennbar, die diese Prosa realisiert hat. In ihr – und das ist die geheime Wissenschaft des Epikers, der allein das Glück mitteilbar macht – wiegt jede kleinste angeschaute Zelle Welt soviel wie der Rest aller Wirklichkeit.«

Ebd. S. 287 f.

Beschränkung auf das Provinzielle und eine gewisse Rückständigkeit gegenüber der europäischen Literatur sind die

Stichworte, unter denen 1939 GEORG LUKÁCS (1885–1971) mit dem deutschen Realismus auch Kellers Erzählkunst einordnet:

»Diese provinzielle Literatur Deutschlands ist zugleich der Ausdruck einer Opposition gegen den entstehenden Kapitalismus. Das hätte einen gesunden Keim für eine realistisch kritische Gesellschaftsschilderung bilden können. Die größten französischen, englischen und russischen Realisten sind ja auch voll von romantischen Oppositionsgefühlen gegen den Kapitalismus. Aber der Provinzialismus in Deutschland zeigt sich in der Schwäche dieser Kritik. Nicht die gefühlsmäßige Opposition ist schwach, es fehlt ihr die tiefe Kenntnis des kritisierten Gegenstandes.«

Georg Lukács: Werke. Bd. 7: Deutsche Literatur in zwei Jahrhunderten. Neuwied/Berlin: Luchterhand, 1964. S. 339.

Der Gefahr des Provinzialismus wenigstens kann Keller nach LUKÁCS dadurch entkommen, daß er mit dem Novellenzyklus »Die Leute von Seldwyla« eine formale Antwort auf die gesellschaftliche Situation seiner Zeit findet:

»Keller steht also widerspruchsvollerweise auf der Basis eines gesellschaftlichen Seins, das einerseits im bürgerlichen, im kapitalistischen Sinne weniger entwickelt ist als das Deutschlands, andrerseits jedoch in politischer, in nationaler Hinsicht eine Einheit, eine uralte traditionelle nationale Vergangenheit besitzt. Diese eigenartige historische Lage spiegelt sich in der Novellenform Kellers wider.

Die Einheitlichkeit des zu gestaltenden Volkes erhält ihre unmittelbare, sinnlich sichtbare Form in dem Zusammenfassen seines Schaffens in Zyklen, Novellenkreisen. Jedoch der losen Verbundenheit der Elemente dieses Seins entsprechend ist der Zyklus Kellers ursprünglich nur der der gemeinsamen gesellschaftlich-geschichtlichen Grundlage. Die Einheitlichkeit des waltenden Gesetzes ist hier nicht eine konkrete Macht, die jede Einzelerscheinung gleich intensiv durchdringt und aus den vielen Einzelschicksalen eine einheitliche

gewaltige Handlung formt wie bei Balzac, sondern eben nur die Einheitlichkeit des Kolorits, der Atmosphäre: eben die Einheitlichkeit des Rahmens.
So ist der berühmte Novellenzyklus Kellers ›Die Leute von Seldwyla‹ aufgebaut. Die gesellschaftliche Gesetzmäßigkeit bildet hier einen allgemeinen Hintergrund, von welchem sich die einzelnen Novellen abheben, dessen Grundzüge sie von den verschiedensten Seiten gegenständlich machen. Die einzelnen Momente stehen aber novellistisch in sich abgerundet, in sich vollendet nebeneinander und spielen nie ineinander über. Sie sollen, einander nur geistig und moralisch ergänzend, das Gesamtbild Seldwylas ergeben. Die gesellschaftliche Problematik der Kellerschen Auffassung über die Entwicklungsmöglichkeit der urwüchsigen Demokratie in der Schweiz zeigt sich in dem Unterschied zwischen dem ersten und dem zweiten Teil. Im Vorwort zum zweiten Teil stellt Keller bestimmte Tendenzen der Kapitalisierung fest. Er behandelt sie in den ersten Novellen dieses Teiles mit überlegenem Humor als Kinderkrankheiten, die die gesunde urwüchsige Demokratie spielend überwinden könne.«

Ebd. S. 378.

Die positive Weltdeutung Kellers sieht LUKÁCS im utopischen Charakter dieser Erzählkunst enthalten. Das gilt auch für »Kleider machen Leute«:

»Die Kellersche Utopie in bezug auf die Schweiz besteht bloß darin, daß er glaubt, diesem Leben wohne die Kraft inne, die inneren gesellschaftlichen Bedrohungen von sich aus zu überwinden. Er sieht aber sowohl diese Gefahren, wie die erstarrten und verzerrten gesellschaftlichen und moralischen Züge an der Schweizer Demokratie sehr klar und stellt sie mit unerbittlichem Realismus dar. Seine Begeisterung für private und öffentliche Bürgertugend, für ehrliche Tüchtigkeit verfällt niemals in eine Verherrlichung der bloßen Legalität oder der spießerischen Selbstgefälligkeit in der bürgerlichen Tugend. Die bürgerliche Tüchtigkeit bei Keller ist eine gedanklich-moralische Weiterführung der Ethik der Aufklärer, ihr dichterischer Gegensatz heißt nicht einfach Verbrechen oder gar Übertreten der Gesetze, sondern menschliche Niedrigkeit, Lüge, Heuchelei, Selbstbetrug usw.

Am deutlichsten ist dieser Zusammenhang mit den gesellschafts- und moralkritischen Traditionen der Aufklärung in der Novelle ›Die drei gerechten Kammacher‹ sichtbar. [...] Und umgekehrt zeigt Keller, wie bei einem echten und anständigen menschlichen Kern das Hineingleiten in eine falsche, bis an die Grenze des Entehrenden gehende Situation aus der menschlichen Anständigkeit heraus doch einen Ausweg eröffnet (›Kleider machen Leute‹).«

Ebd. S. 364.

Benno von Wiese (geb. 1903) hat in seinem Buch über die deutsche Novelle Kellers »Kleider machen Leute« im Rahmen seiner Novellendefinition eingeordnet:

»Man kann darüber streiten, ob man diese Geschichte eine Erzählung oder eine Novelle nennen will. Novellistisch ist die Zuspitzung zur Katastrophe, die dann doch noch abgewendet wird; novellistisch die Art, wie hier ein Charakter durch eine abenteuerliche Begebenheit in ein besonderes Licht gesetzt wird, wie hinter dem Schneider der Künstler und der Mensch sichtbar wird; novellistisch ist die fast verspielte Vorliebe für dingliche Zeichen, die das Erzählte in heiter bedeutungsvoller und lehrreicher Weise verdichten; novellistisch ist das gesellschaftliche Thema: der Konflikt zwischen Schein und Sein, zwischen Maske und Wesen und der liebenswürdig geschlossene Kompromiß, der auch noch einer exzentrischen Daseinsform einen Lebensraum in der bürgerlichen Ordnung gönnt. Trotzdem wirkt das Ganze mehr als Erzählung und weniger als Novelle. Das behagliche Verweilen, das liebevolle Ausmalen will zum Raffenden und Konzentrierten der Novelle nicht recht passen. Trotz aller allegorischen Zeichen können wir nicht von Symbolik reden. Nur in einem sehr allgemeinen Sinne hat die erzählte Begebenheit auch ihre sinnbildliche Bedeutung.«

Benno von Wiese: Gottfried Keller. In: B. v. W.: Die deutsche Novelle von Goethe bis Kafka. Interpretationen. Bd. 1. Düsseldorf: Bagel, 1956. S. 248 f.

Den Helden Wenzel Strapinski betrachtet VON WIESE als Künstlerfigur im Gefolge romantischer Traditionen:

»Aber die Grafenrolle des Schneiders erwächst nicht allein aus diesem humoristischen Kontrast zwischen wahrem, geängstigtem Gemütszustand und falscher romantischer Auslegung durch die Umwelt. Der Schneider wird dann in der Tat fast mit seiner Rolle identisch. Vor allem wird ihm die Liebe zum Katalysator, weil sie ihm ein gesteigertes Gefühl seiner selbst und seines eignen Wertes gibt. Auf die Dauer wäre das ganze Rollenspiel nicht möglich, wenn nicht in dem Wesen des Schneiders etwas läge, das der Rolle entgegenkommt. Er ist zwar ein Schneider – und das läßt sich durch keine Märchengnade ändern –, aber er ist eben nicht nur Schneider. Bereits vor seiner Hochstaplerrolle wird er vom Dichter als der ›Märtyrer seines Mantels‹ geschildert, der lieber Hunger leidet, als sich von diesem schönen Schein seiner Person zu trennen. Er verbindet damit keinerlei bedenkliche Absichten, sondern er genießt den Schein um seiner selbst willen. Er hat ein ›angeborenes Bedürfnis, etwas Zierliches und Außergewöhnliches vorzustellen‹. Mit diesen Seiten seines Wesens ist er Künstler, nicht Schneider. Er ist gewiß nicht ein Künstler in einem pathetisch unterstrichenen Sinne; dennoch läßt sich sein Verhältnis zum Zierlichen und zum Schönen, und zwar unabhängig von Zweck und Nutzen, nur aus einer ästhetischen Grundhaltung verstehen. Andere Züge treten hinzu, um dieses Bild zu ergänzen: seine Phantasie, seine Träumereien, seine Kindlichkeit, seine ganze etwas isolierte und einmalige Art, in die Welt hinauszuwandern und merkwürdige Dinge in ihr zu erleben. Auch sein Spiel mit der Liebe und mit dem Tod, seine

Sehnsucht nach einem Augenblick der Größe und des Glükkes sind Ausdruck eines Künstlertumes, das bisher im Schneiderhandwerk sich nur sehr unzulänglich verwirklichen ließ. Das alles hält ihn in seiner Rolle fest ›wie in einem verhexten Traume‹. So ist dieser Hochstapler wider Willen bei alledem ein Künstler, zum mindesten ein Lebenskünstler, der die Gnade und die Verführung durch eine Traumwelt erleidet, die ihm eine romantische Freiheit noch jenseits von Graf und Schneider schenkt, damit allerdings auch über Grenzen hinauslockt, die mit seiner alltäglichen sozialen Existenz nun einmal definitiv gesetzt sind. Wenn er sich schmückt, wenn er reiten und fechten kann, wenn er das Bedürfnis hat, wenigstens einmal im Leben etwas vorzustellen, wenn seine Erscheinung edel ist und die Ausstrahlung seines Wesens ›schön und traurig‹, so ist das alles keine Lüge, mit der er sich anmaßt, etwas zu sein, was er nicht ist; es ist auch nicht bloße Eitelkeit, die sich geltungssüchtig von anderen unterscheiden möchte; vielmehr werden gerade umgekehrt in diesem vorwiegend ›ästhetischen‹ Verhalten Kräfte seiner Persönlichkeit frei, die sich in der kleinbürgerlichen Lebensform des Schneiders unmöglich entfalten konnten. Auch seine Träumereien gehören noch hierhin. Welch ein liebenswürdiger, beinahe rührender Zug ist es, wenn er das Sinnbild der Waage an dem Hause, in dem er wohnte, so ausdeutet, daß ›dort das ungleiche Schicksal abgewogen und ausgeglichen und zuweilen ein reisender Schneider zum Grafen gemacht würde‹. Trotz aller liebenswürdigen Ironisierung wirkt hier ein romantisches Erbe weiter, Eichendorffs Taugenichts und Brentanos fahrender Schüler klingen nach; denn der Held besitzt auch hier ein reines Herz und eine phantasievolle Seele, und auf Grund solcher den Musen benachbarten Gaben muß ihm das Glück hold sein.«

Ebd. S. 243 f.

In seiner Literaturgeschichte des Realismus betont Fritz Martini (geb. 1909) die Vielschichtigkeit der Heldenfigur:

»Der *zweite Band* der *›Leute von Seldwyla‹* hielt nicht die Höhe des ersten. Er ist bereits ein Buch der Rückschau, eine ›Nachernte‹. Zwar leitet ihn mit ›Kleider machen Leute‹ eine Novelle ein, die Kellers Weltschau und Stil in künstlerischer Geschlossenheit verwirklicht. Märchenhaftes, ironisch mit sich spielend, versinnbildlicht im Walten der Fortuna über dem Glückskind, verknüpft sich mit gesellschaftlicher Satire gegenüber der Romantik des Aristokratischen und Exotischen, die die Kleinstädter mit ihrem eigenen Wunschbild betrügt und dem wandernden Schneider, einer Figur aus dem Erbe der literarischen Spätromantik, eine Rolle aufnötigt, deren Abenteuerlichkeit und Eleganz seinem Wesen zugleich entspricht und widerspricht. Dies Abenteuer, ins Kriminelle führend, mit Vernichtung drohend, wird in der Kehre des Geschicks, in der zweiten inneren Schicht der Novelle, eine Erziehung vom phantastischen, etwas eitlen, aber zum Erhöhten strebenden Träumer zum festen, arbeitsamen Bürger. Das scheinbar Wunderbare wird als Betrug entlarvt; das eigentliche Wunder aber vollzieht sich darin, wie von innen her das Natürliche und Wesenhafte der ausharrenden, klug ausgleichenden Liebe dem Betrüger halb wider Willen sein Leben, seine Ehre, sein Glück schenkt. Denn der Glücklich-Unglückliche ist weder nur ein Schneider noch etwa ein Graf; er ist in seinem zugleich proletarischen und edelmännischen Wesen ein armer und doch ein ganzer Mensch – trotz der Verführung, in die der Glanz der Täuschung ihn lockte. Der für Keller typische Kontrast zwischen Sein und Schein, Wesen und Maske, zwischen Gesellschaftlichem und Innermenschlichem beherrscht diese das Humoristische dem Tragischen annähernde, das Tragische in Heiterkeit auflösende Novelle bis in ihre mitspielende Dinglichkeit, ihre bildhafte Sprache und allegorisch-moralische Zeichengebung hinein. Kellers symbolisches

Sprechen entfaltet sich aus dem Individuell-Einmaligen der Dinge. Es verdichtet sie zu einer durch ihre Bilder und Gebärden sprechenden Verdeutlichung des inneren Zusammenhanges. Darin nähert es sich bereits dem Allegorischen. Die Dinge spielen mit, gewinnen menschliche Physiognomie, schaffen eine den Menschen aussprechende Umwelt, legen ihn fest und können, wie etwa die täuschende Ausrüstung des Schneiders, auch eine Art Gefangenschaft für ihn bedeuten. Wie in Pankraz lebt in Strapinski das Traumwesen des grünen Heinrich nach, damit ein Gegensatz zwischen innerem Künstlertum und Bürgerlichkeit, zwischen Hochstapelei der Phantasie und Lebensgeschick; für einen Augenblick schrecklich gegenwärtig, als Keller, mit einer an Wilhelm Busch erinnernden Radikalisierung des Spottes zu diabolisch-grausamer Entblößung, die Seldwyler den Betrüger entlarven läßt, der nur ein hilfloser, verführter, in seinem Wesen aber rechter Mensch ist.«

Fritz Martini: »Die Leute von Seldwyla«, Zweiter Band. In: F. M.: Deutsche Literatur im bürgerlichen Realismus 1848–1898. Stuttgart: Metzler, 1962. S. 586 f.

Den Schuldbegriff Sören Kierkegaards versucht Erhard Friedrichsmeyer für die Analyse von »Kleider machen Leute« nutzbar zu machen:

»Strapinskis Krisensituation umfaßt alle Phasen eines menschlichen Werdegangs von Unschuld zu Schuld, Verzweiflung und Rettung. Dem Menschen Strapinski ist das Bedürfnis des Höheren angeboren. Es ist seine Bestimmung, schuldig zu werden und getrieben zu sein, das Höhere, Wesentliche in sich zu verwirklichen, sich zum Grafen zu machen. Darum scheitert Strapinski, wird aber im Scheitern der Rettung teilhaftig. In diesem Sinne ist die traditionsgemäß als ›Sein und Schein‹ definierte Thematik der Novelle nicht so zu verstehen, als wäre das ›Sein‹ das Echte und Wahre, der ›Schein‹ aber durchaus das Falsche und Negative. In diesem Schein liegt die ganze Zwiespältigkeit des

Menschseins begriffen, denn er leuchtet auch als Strapinskis bester Teil. Wenzel ist, wie von Wiese sagt, ›zwar ein Schneider . . . aber er ist eben nicht nur Schneider‹. Was wir als Rolle und Maske sehen, ist Verfälschung des Scheins in der Wirklichkeit. Weil der Schein nicht nur das Falsche bedeutet, ist er auch das *sine qua non* der Rettung Strapinskis.

Wenzels Versöhnung mit der Gesellschaft hat die Merkmale einer Errettung. In ihr geht Gnade vor Recht, Liebe vor Verdienst. Erst wenn Wenzel auch gesehen wird, wie er sich selber sieht, d. h., als von der Gesellschaft geschieden, erst wenn sein Vergehen auch als Schuld aufgefaßt wird, ergibt sich eine strukturell-thematische Balance in der Novelle. Denn nur Schuld und Ausschluß wiegen schwer genug, dem Gedanken der Versöhnung und der inneren Tragfähigkeit der Bürgerwelt Kellers gerecht zu werden. So fordert nicht nur Strapinskis Krise, sondern auch die Novelle als Kunstwerk eine Komplementärperspektive dieses Sinnes.«

Erhard Friedrichsmeyer: Strapinskis Krise in Kellers »Kleider machen Leute«. Eine Komplementärperspektive. In: German Quarterly 40 (1967) S. 12 f.

HEINRICH RICHARTZ macht auf die Funktion aufmerksam, die die an trivialliterarischen Modellen orientierte Lesererwartung für die Handlungsführung hat:

»Auf der Basis ihres neugewonnenen Verhältnisses zur Wirklichkeit also ist Nettchen in der Lage, Strapinski genau die Chance des Aufstiegs an die ihm innerlich angemessene Stelle in der Gesellschaft zu bieten, die ihm bisher vorenthalten worden war wegen des fehlerhaften Verhaltens der Gesellschaft. Es hat gezeigt werden können, daß dieses Fehlverhalten unter anderem darin besteht, daß die Goldacher sich an Idealvorstellungen orientieren, die sie aus Literatur – genau: aus Literatur nach Art der Claurenschen Romane – übernommen haben oder die sie dort ausgedrückt finden. Der Erzähler deckt diese Bewußtseinsstruktur der dargestellten Gesellschaft am Verhalten einzelner Figuren beispielhaft auf und widerlegt ihre Richtigkeit durch den Verlauf der Handlung und durch die auf Einsicht in die fehlerhafte Struktur beruhende Wandlung des Verhaltens einer dieser Figuren: Nettchen. Die Repräsentativität für die Goldacher Gesellschaft, die der Erzähler ihr gibt, hat zur Folge, daß die in ihrer Wandlung ausgedrückte positive Tendenz die Keime zu einer positiven Gesamtentwicklung, die der Gesellschaft nach Kellers Auffassung immanent sind, bestätigt.«

Heinrich Richartz: Literaturkritik als Gesellschaftskritik. Darstellungsweise und politisch-didaktische Intention in Gottfried Kellers Erzählkunst. Bonn: Bouvier, 1975. (Abhandlungen zur Kunst-, Musik- und Literaturwissenschaft. 159.) S. 147.

Gert Sautermeister (geb. 1940) hat diesen Ansatz fortgeführt. Seine Kritik der bisherigen Rezeption von »Kleider machen Leute« setzt an der Jugendgeschichte des Helden an, die bisher »beharrlich ignoriert« worden sei (Sautermeister, S. 176); diese Kindheits- und Jugendgeschichte beschreibe reale Klassenverhältnisse des 19. Jh.s:

»Gesellschaftliche Sachverhalte sind in dieser Erzählung als Klassenverhältnisse beschrieben, die dem heranwachsenden Helden den Charakterzug mutloser Nachgiebigkeit und die traumatische Erfahrung des Liebesentzugs aufdrängen, aber auch sein Bedürfnis nach Schönheit und Glück auf eine ›höhere‹ aristokratische Ebene lenken. Seine frühe Lebensgeschichte veranlaßt den Schneider nicht nur, als polnischer Graf die Erzählszene zu betreten, sie hindert ihn auch daran, von dieser Szene aus freiem Entschluß wieder abzutreten und sich des aristokratischen Scheins zu entledigen. Daß er überhaupt dieses Scheins bedarf, ist charakteristisch für eine Gesellschaftsverfassung, die den unterprivilegierten Klassen eine adäquate Erfüllung sinnlich-ästhetischer Bedürfnisse prinzipiell vorenthält. Die privilegierte Klasse fördert ihrerseits den Schein. Weil sie, auf ungleiche Besitzverhältnisse gestützt, besitz- und klassenspezifische Attribute zum vorrangigen Wertmaßstab erhebt, kann der Schein eine täuschende Eigendynamik gewinnen. Ihr Opfer wird der schönheits- und glücksbedürftige Schneider. Allerdings nur zeitweise: indem er sich am Ende erfolgreich in die Gesellschaft integriert, die ihm fast zum tödlichen Verhängnis geworden wäre, tritt schließlich die Erzählhandlung in Widerspruch zu sich selbst.«

Gert Sautermeister: Erziehung und Gesellschaft in Gottfried Kellers Novelle »Kleider machen Leute«. In: Walter Raitz / Erhard Schütz (Hrsg.): Der alte Kanon neu. Zur Revision des literarischen Kanons in Wissenschaft und Unterricht. Opladen: Westdeutscher Verlag, 1976. (Lesen. 2.) S. 177 f.

Daraus ergibt sich für SAUTERMEISTER schließlich eine Kritik sowohl an den affirmativen Gesellschaftsvorstellungen Kellers als auch an einem »Bruch«, einer »Widersprüchlichkeit« der Novelle:

»Nicht nur ist diese Schlußwendung ob ihrer Ausnahmehaftigkeit ein Produkt blinden Zufalls, sie ist nicht einmal eine wünschenswerte Utopie. Daß ein armer Handwerker zum Besitzer eines umfangreichen Geschäftes avanciert, nährt allenfalls die Illusion eines sozialen Aufstiegs, die Keller in den *Drei gerechten Kammachern* so meisterhaft ad absurdum geführt hat. Dieser Novelle gegenüber ist der Ausgang von *Kleider machen Leute* ein Rückschritt, der sich auch zeitgeschichtlich demonstrieren läßt, und zwar wohl vom Zeitraum her, in dem die Novelle spielt, als auch vom Zeitpunkt ihrer Entstehung und Veröffentlichung her. Ein deutscher Handwerker in der Schweiz zwischen 1830 und 1840 erweckt eine unabweisbare politische Assoziation: er ist häufig in einem der zahlreichen Handwerkervereine organisiert, die sich gegen die bestehende gesellschaftliche Ordnung in Deutschland wenden. Keller selbst hatte in Zürich den deutschen Schneidergesellen Wilhelm Weitling gekannt, der als ein genialer Organisator und unerschöpflicher Theoretiker beträchtliches Aufsehen in seiner Zeit erregt hat. Nicht sein schwärmerisch utopischer Sozialismus steht hier zur Debatte, sondern die in seiner Gestalt konzentrierte Tendenz der Handwerker, ihrer Vereinzelung und politischen Machtlosigkeit durch Solidarität und freie Assoziationen entgegenzuwirken. Diese Tendenz, vor und unmittelbar nach der 48er Revolution im Aufschwung begriffen, wurde in den 50er Jahren mit dem Erstarren der Reaktion rückläufig, kräftigte sich aber in den 60er und 70er Jahren, also in dem Zeitraum der Entstehung und Veröffentlichung von Kellers Novelle. Der Illusion des individuellen sozialen Aufstiegs setzten die Handwerker, unter ihnen vor allem auch die Schneidergesellen, einen gewerkschaftlichen Zusammenschluß zur Verteidigung ihrer Interessen zum Kampf gegen die Ausbeutung durch Lohnarbeit, gegen die Willkür von Kündigungen etc. entgegen. Darin spiegeln sich gesellschaftlich repräsentative Zeittendenzen, nicht aber im Aufstieg eines Außenseiters in eine höhere Klasse. Gerade weil zunächst des Schneiders Außenseitertum als gesellschaftlich bedingt dargestellt wird, gerade weil hier die Sozialkritik des Erzählers so sinnfällig hervortritt, muß ein sozialer Aufstieg als zufällig und widersprüchlich erscheinen, der die zuvor kritisierte und veränderungsbedürftige Gesellschaft rechtfertigt. Dieser Bruch, diese Widersprüchlichkeit der Novelle tritt dem Leser gerade auch aus ihrer Form, ihrem kraftlos humoristischen, klischeehaften Happy-End entgegen. Die Politik, auf welche der Erzähler in seinem Vorwort so angelegentlich verweist, wird von ihm selber an das Geschäft verraten, an jenes ›blinde Vertrauen auf den Zufall‹, dem seine Kritik gegolten hatte. Nicht er, sondern die organisierten, gegen den blinden Zufall in der privatwirtschaftlichen Ordnung kämpfenden Handwerker lösen seinen politischen Anspruch ein. Es war die Stoffwahl, die diesen Anspruch von vornherein durchkreuzt hat. Ein Vergleich mit anderen Novellen, z. B. dem *Fähnlein der Sieben Aufrechten* oder dem *Verlorenen Lachen*, könnte zeigen, daß Keller dadurch, daß er in einen gesellschaftlich bedingten Konflikt die individuelle Liebe als erlösende Macht einführt, den repräsentativen Charakter des Erzählens ins Privat-Zufällige verflüchtigt.«

Ebd. S. 203 f.

Mit Recht behandelt Gerhard Kaiser (geb. 1927) die »Leute von Seldwyla« unter der Überschrift »Poesie und Kapitalismus«. Er zeigt, daß der Held romantische Märchenfigur und Repräsentant bürgerlicher Lebensverhältnisse zugleich ist:

»Die bürgerliche Gesellschaft ist der Boden der romantischen Liebe und der Liebe zur Romantik.

Allerdings nicht allein im Sinne des Kontrasts. Der nur Neunmalgescheite ist letzten Endes in dieser Gesellschaft der Dumme, wie sich an den Kammachern und in ›Kleider machen Leute‹ an dem Buchhalter Melchior zeigt. Sein Kleinsinn hilft ihm, als einziger den falschen Grafen Wenzel zu durchschauen, aber seine pfiffige Intrige treibt die reiche Braut erst recht in die Arme des armen Schneiders, so daß der Buchhalter in seinem Haus und Schlitten namens Bethesda eine komische Variante des Kranken aus der biblischen Parabel abgibt, der nach achtunddreißigjährigem geduldigen Zuwarten schließlich geheilt wird. Der seelisch lahme Melchior bleibt sitzen; das reale Wunder geht an ihm vorbei, dessen bloße Traumgestalt sich die leeren Phantasten vorspiegeln und dessen bloße Zerrgestalt die mehr oder weniger schlimmen Luftikusse herbeizaubern – man denke an die Kreditwirtschaft der Seldwyler, die letztlich nur im Hin- und Herschieben der Schulden besteht. Phantasie muß zur Ordnung, Ordnung zur Phantasie gerufen werden. Gebändigte Phantasiemenschen wie Pankraz, Fritz Amrain und – zum guten Ende – Wenzel Strapinski werden die Herren der bürgerlichen Welt. Der Unternehmer ist der Gratwanderer zwischen den Abgründen der Spitzbüberei und der Poeterei; der Poet, der Spitzbube und der Kapitalist sind ungleiche Brüder. Spekulation, als Hirngespinst Vernebelung der Wirklichkeit, als unsolides Geschäftsgebaren die

Gleitschiene in den Untergang oder in den Betrug, ist als beherrschtes ökonomisches Zauberwerk die Krönung des Erfolgs.«

Gerhard Kaiser: Gottfried Keller. Das gedichtete Leben. Frankfurt a. M.: Insel, 1981. S. 344 f.

»Bei näherem Zusehen kann man die gesamte Hochstaplerkonstellation als nichts anderes denn ein ausgefallenes Verfahren der Kreditgewährung an Wenzel lesen. Seine Selbstinszenierung ist ein Lernprozeß, bei dem er fähig wird, dieses Kapital für sich arbeiten zu lassen. Er führt bis zur Spekulation als dem legalisierten Trick, Geld zu verdienen. Schon seine ausschweifende Phantasie ist auch bürgerlich kanalisiert: Er erfüllt Erwartungen, in die andere ihn hineinstellen. Die Hochstapelei im Strahlungsfeld von Nettchens Liebe macht Wenzel nicht nur zum Poeten, sie macht ihn insgeheim auch schon zum Bourgeois. Seine Lebensgeister erwachen; zusammengerafft spielt er sein waghalsiges Spiel. Die gedrückte Gesellenseele erwirbt einen Grundbestand gesellschaftlicher Souveränität und lebenskluger Gewitztheit. Doch wie im Glücksritter der gute Bürger ansichtig wird, beginnt auch das gute Bürgertum halbseiden zu changieren, und das bösartig komische Masken- und Fastnachtsspiel der Seldwyler demaskiert nicht allein den falschen Grafen, sondern auch das Schein- und Maskenhafte in der bürgerlichen Gesellschaft, die dem einen die Chancen zuwirft, die sie dem anderen versagt.«

Ebd. S. 347 f.

Zur Befreiung von Kindheitseindrücken und zur »Formbarkeit einer Lebens- und Liebesgeschichte« führt Gert Sautermeister unter anderem mit Blick auf *Kleider machen Leute* aus:

»Den streng motivierten Schicksalsweg von einer glücklichen Kindheit in den tragischen Tod wandelt Keller in anderen Liebesgeschichten des Novellenzyklus um: in *Klei-*

der machen Leute befreien sich zwei Liebende von verhängnisvollen Kindheitseindrücken und werden erst dadurch wirklich füreinander frei [...]. Die seelenkundige Erhellung der verborgenen Ursprünge, aber auch der Formbarkeit einer Lebens- und Liebesgeschichte ist eine essentielle ästhetische Produktivkraft Kellers. Noch ehe die Psychoanalyse die prägenden Einflüsse früher Erfahrungen in einer Biographie wissenschaftlich nachwies, hat Keller in seiner schriftstellerischen ›Praxis‹ davon erzählt – und seine Figuren zur Selbstheilung angeregt: durch Rückschau, Erinnerung, Eingedenken. Es hängt dieses therapeutische Interesse Kellers mit einem aufklärerischen Impuls, seinem epischen Erziehungswillen zusammen, dem freilich ein ungemütlicher Tiefenblick zugesellt ist. Denn die Erziehungsprozesse in Kellers Epik verlaufen nicht harmonisch, in bruchloser Kontinuität, wie eine traditionelle Pädagogik es sich vorstellt, vielmehr findet das Individuum erst auf dem Tiefpunkt seiner Selbstentfremdung zu sich, wird es für tatkräftige Solidarität erst durch die Erfahrung verhängnisvoller Ungeselligkeit reif, für soziale Lebenspraxis erst durch das Erlebnis narzißtischer Verirrung: der dialektische Umschlag aus fast tödlicher Ichgefährdung in lebensoffene Ichbewährung ist bei Keller ein Schulfall gelingender Selbsterziehung [...]. Versöhnung zwischen Individuum und Gesellschaft durch Selbsterhellung und Selbsterziehung – so könnte die Formel für die Aufklärungsimpulse Kellers lauten, und es leidet keinen Zweifel, daß hier sein vielbeschworener Humor eine maßgebliche Rolle als vermittelnde Instanz spielen kann, als aussöhnende Kraft, die extreme Gegensätze relativiert und in ein lebensfreundliches Spannungsverhältnis hinüberspielt.«

Gert Sautermeister: Gottfried Keller. In: Deutsche Dichter. Leben und Werk deutschsprachiger Autoren. Hrsg. von Gunter E. Grimm und Frank Rainer Max. Bd. 6: Realismus, Naturalismus und Jugendstil. Stuttgart: Reclam, 1989. S. 102 f.

VII. Literaturhinweise

1. Ausgaben

Die Leute von Seldwyla. 2., verm. Aufl. in 4 Bdn. Bd. 3. Stuttgart: Göschen, 1873. [Erstdruck.]

Sämtliche Werke. Auf Grund des Nachlasses besorgte und mit einem wissenschaftlichen Anhang versehene Ausgabe. 22 Bde. (in 24 Tln.). Hrsg. von Jonas Fränkel und Carl Helbling. Erlenbach bei Zürich / Bern: Rentsch/Benteli, 1926–48. [Zit. als: SW; »Kleider machen Leute« in Bd. 8.]

Werke. Kritisch durchges. und erl. Ausg. mit einer Einl. über des Dichters Leben und Schaffen von Harry Maync. 6 Bde. Berlin: Propyläen-Verlag, 1921–22.

Sämtliche Werke und ausgewählte Briefe. Hrsg. von Clemens Heselhaus. München: Hanser, 1956–58.

Werke in fünf Bänden. Ausgew. und eingel. von Hans Richter. Weimar/Berlin: Aufbau-Verlag, 1961.

Sämtliche Werke in 6 Bänden. Hrsg. von Thomas Böning, Gerhard Kaiser und Dominik Müller. Frankfurt a. M.: Deutscher Klassiker Verlag, 1985 ff. [Bd. 4: Die Leute von Seldwyla. 1989. (Bibliothek deutscher Klassiker. 43.)]

2. Briefe, Zeugnisse, Gesamtdarstellungen

Baechtold, Jakob: Gottfried Kellers Leben. Seine Briefe und Tagebücher. 3 Bde. Berlin 1894–97. [Zit. als: Baechtold.]

Gottfried Keller. Gesammelte Briefe in vier Bänden. Hrsg. von Carl Helbling. Bern 1950–54. [Zit. als: Briefe.]

Frey, Adolf: Erinnerungen an Gottfried Keller. 2., erw. Aufl. Leipzig 1893.

Zäch, Alfred: Gottfried Keller im Spiegel seiner Zeit. Urteile und Berichte von Zeitgenossen über den Menschen und Dichter. Zürich 1952. [Zit. als: Zäch.]

Gottfried Keller. Hrsg. von Klaus Jeziorkowski. München 1969. (Dichter über ihre Dichtungen. 5.)

Baumann, Walter: Gottfried Keller. Leben, Werk, Zeit. Zürich/München 1986.

Boeschenstein, Hermann: Gottfried Keller. 2., durchges. und erw. Aufl. Stuttgart 1977. (Sammlung Metzler. 84.)
Breitenbruch, Bernd: Gottfried Keller in Selbstzeugnissen und Bilddokumenten. Reinbek bei Hamburg 1968 [u. ö.]. (rowohlts monographien. 136.)
Kaiser, Gerhard: Gottfried Keller. Das gedichtete Leben. Frankfurt a. M. 1981.
– Gottfried Keller. Eine Einführung. Zürich/München 1985. (Artemis-Einführungen. 19.)
Muschg, Adolf: Gottfried Keller. Mit einem Bildteil von 140 Seiten. München 1977. (Kindlers literarische Portraits.)
Neumann, Bernd: Gottfried Keller. Eine Einführung in sein Werk. Königstein i. Ts. 1982. (Athenäum-Taschenbücher. 2170.)

3. Bibliographien und Forschungsberichte

Baechtold, Jakob: Gottfried Keller-Bibliographie (1844–1897). Verzeichnis der sämtlichen gedruckten Werke. Berlin 1897.
Zippermann, Charles C.: Gottfried Keller-Bibliographie 1844 bis 1934. Zürich 1935.
Preisendanz, Wolfgang: Die Keller-Forschung der Jahre 1939 bis 1957. In: Germanisch-Romanische Monatsschrift N. F. 8 (1958) S. 144–178.
Martini, Fritz: Forschungsbericht zur deutschen Literatur in der Zeit des Realismus. In: Deutsche Vierteljahrsschrift für Literaturwissenschaft und Geistesgeschichte 35 (1961) S. 43–56.
Jahresberichte der Gottfried Keller-Gesellschaft 1 (1932) ff. Zürich 1932 ff.

4. »Die Leute von Seldwyla« und »Kleider machen Leute«

Atkins, Stuart: Vestis virum reddit. In: Monatshefte für deutschen Unterricht, deutsche Sprache und Literatur 36 (1944) Nr. 2. S. 95–102.
Auerbach, Berthold: Gottfried Keller's Neue Schweizergestalten. In: Deutsche Rundschau. 10. Juli 1875. S. 34.
Bänziger, Hans: Strapinskis Mantel. Zu einem Motiv in der Erzählung »Kleider machen Leute«. In: Schweizer Monatshefte 51 (1971/72) S. 816–826.

Benjamin, Walter: Gottfried Keller. Zu Ehren einer kritischen Ausgabe seiner Werke. In: W. B.: Gesammelte Schriften. Bd. 2,1: Aufsätze, Essays, Vorträge. Hrsg. von Rolf Tiedemann und Hermann Schweppenhäuser. Frankfurt a. M. 1977. S. 1009–17.
Fleissner, Else M.: Die künstlerische Bedeutung des Zufalls bei Gottfried Keller. In: The Germanic Review 17 (1942) S. 261–272.
Fontane, Theodor: Gottfried Keller: Die Leute von Seldwyla. In: Th. F.: Sämtliche Werke. Abt. 3. Bd. 21,1: Literarische Essays und Studien. Ges. und hrsg. von Kurt Schreinert. München 1963. S. 256–258.
Frey, Jakob: Die Leute von Seldwyla. In: Sonntagsblatt des »Bund«, Bern. Nr. 7. 14. Februar 1875. S. 56.
Friedrichsmeyer, Erhard: Strapinskis Krise in Kellers »Kleider machen Leute«. Eine Komplementärperspektive. In: German Quarterly 40 (1967) S. 1–13.
[Grim]m, [Herma]n: [Rezension.] In: Preußische Jahrbücher 35 (1875) S. 105 f.
Grosse, Wilhelm: Modelle zum Umgang mit der Novelle im Deutschunterricht der Sekundarstufe I und II. Mainz 1983. S. 55–77.
Heer, Gottlieb Heinrich: Gottfried Kellers Anteil an der Schweizer Polenhilfe 1863/64. In: 21. Jahresbericht der Gottfried Keller-Gesellschaft. Zürich 1952.
Höllerer, Walther: Gottfried Kellers »Leute von Seldwyla« als Spiegel einer geistesgeschichtlichen Wende. Eine Studie zur Geschichte der Novelle im 19. Jahrhundert. Diss. Erlangen 1949. [Masch.]
Hofmannsthal, Hugo von: Unterhaltungen über die Schriften von Gottfried Keller [1906]. In: H. v. H.: Gesammelte Werke in zehn Einzelbänden. Hrsg. von Bernd Schoeller in Beratung mit Rudolf Hirsch. [Bd.:] Erzählungen, Erfundene Gespräche und Briefe, Reisen. Frankfurt a. M. 1979. (Fischer-Taschenbuch. 2165.) S. 510–518.
Huch, Ricarda: Gottfried Keller. Leipzig 1914. (Insel-Bücherei. 113.)
Jeziorkowski, Klaus: Gottfried Keller. Kleider machen Leute. Text, Materialien, Kommentar. München 1984. (Hanser-Literaturkommentare. 22.)
Kaiser, Gerhard: Kleider machen Leute. In: G. K.: Gottfried Keller. Das gedichtete Leben. Frankfurt a. M. 1981. S. 343–353.
Kirchberger, Lida: »Kleider machen Leute« und Dürrenmatts

»Panne«. In: Monatshefte für deutschen Unterricht, deutsche Sprache und Literatur 52 (1960) Nr. 1. S. 1–8.

Kuh, Emil: Die Leute von Seldwyla. Erzählungen von Gottfried Keller. In: Emil Kuh's kritische und literarhistorische Aufsätze (1863–1876). In Ausw. hrsg. und eingel. von Alfred Schaer. Wien 1910. (Schriften des Literarischen Vereins Wien. 14.) S. 361–375.

Lewak, Adam: Gottfried Keller und der polnische Freiheitskampf vom Jahre 1863/64. Akten und Briefe. Zürich/Leipzig/Berlin 1927.

Lukács, Georg: Gottfried Keller. In: G. L.: Gesamtausgabe. Bd. 7: Deutsche Literatur in zwei Jahrhunderten. Neuwied/Berlin 1964. S. 334–419.

Mähly, Jakob: Gottfried Keller. In: Die Gegenwart 38 (1890) Nr. 35. S. 132–135.

Martini, Fritz: »Die Leute von Seldwyla«, Zweiter Band. In: F. M.: Deutsche Literatur im bürgerlichen Realismus 1848–1898. Stuttgart 1962. S. 586–588.

McHale, John L.: Die Form der Novellen »Die Leute von Seldwyla« von Gottfried Keller und der »Schwarzwälder Dorfgeschichten« von Berthold Auerbach. Bern 1957.

Mews, Siegfried: Zur Funktion der Literatur in Kellers »Die Leute von Seldwyla«. In: German Quarterly 43 (1970) S. 394–405.

Mühlestein, Hans: Gottfried Keller und der polnische Freiheitskampf 1863–1865. Basel 1937. (Kleine Bibliothek der Schweizer Geschichte. 1.)

Neumann, Bernd: Gottfried Keller: Kleider machen Leute. In: Interpretationen: Erzählungen und Novellen des 19. Jahrhunderts. Bd. 2. Stuttgart 1990. S. 235–278.

Ohl, Hubert: Das zyklische Prinzip in Gottfried Kellers Novellensammlung »Die Leute von Seldwyla«. In: Euphorion 63 (1969) S. 216–226.

Olbrich, Wilhelm: Die Aufnahme Gottfried Kellers in Deutschland. Diss. München 1922. [Masch.]

Pinto, Annemarie: Das Mantelmotiv in Kellers »Kleider machen Leute« und Gogols »Der Mantel«. Bern 1978.

Preisendanz, Wolfgang: Humor als dichterische Einbildungskraft. Studien zur Erzählkunst des poetischen Realismus. München 1963. (Theorie und Geschichte der Literatur und der schönen Künste. 1.)

Richartz, Heinrich: Literaturkritik als Gesellschaftskritik. Darstellungsweise und politisch-didaktische Intention in Gottfried Kellers Erzählkunst. Bonn 1975. (Abhandlungen zur Kunst-, Musik-

und Literaturwissenschaft. 159.) [Zu »Kleider machen Leute« bes. S. 123 ff.]

Richter, Hans: Gottfried Kellers frühe Novellen. Berlin 1966.

Rothbarth, Margarete: Das Urbild Strapinskis in »Kleider machen Leute«. In: Neue Zürcher Zeitung. 22. November 1942. Nr. 1873. Bl. 4.

Rowley, B[rian] A[lan]: Keller, Kleider machen Leute. London 1960. (Studies in German Literature. 2.)

Sautermeister, Gert: Erziehung und Gesellschaft in Gottfried Kellers Novelle »Kleider machen Leute«. In: Walter Raitz / Erhard Schütz (Hrsg.): Der alte Kanon neu. Zur Revision des literarischen Kanons in Wissenschaft und Unterricht. Opladen 1976. (Lesen. 2.) S. 176–207.

Schattkowsky: »Kleider machen Leute«. Eine Einführung. In: Archiv für Volksschullehrer 34 (1931) Nr. 12 (Beil. »Pädagogisches Magazin«.) S. 749–759.

Selbmann, Rolf: Gottfried Keller, Kleider machen Leute. Interpretation. München 1985. (Interpretationen für Schule und Studium.)

Tietgens, Hans: Möglichkeit einer Zeitgestalt-Untersuchung, dargestellt an Gottfried Kellers »Leuten von Seldwyla«. Diss. Bonn 1949. [Masch.]

Vischer, Friedrich Theodor: Gottfried Keller. Eine Studie. [Zuerst in: Augsburger Allgemeine Zeitung. 1874.] In: F. Th. V.: Altes und Neues. H. 2. Stuttgart 1881. S. 135–216.

Vogt, Gabriele: Gottfried Keller, Kleider machen Leute (8./9. Klasse). In: Literaturunterricht auf den Jahrgangsstufen 7–10. Frankfurt a. M. 1984. S. 51–86.

Wiese, Benno von: Gottfried Keller, Kleider machen Leute. In: B. v. W.: Die deutsche Novelle von Goethe bis Kafka. Interpretationen. Bd. 1. Düsseldorf 1956. S. 238–249.

Wüst, Paul: Entstehung und Aufbau von Gottfried Kellers Seldwyler Novelle »Kleider machen Leute«. In: Mitteilungen der literarhistorischen Gesellschaft Bonn 9 (1914) H. 4/5. S. 77–142.

Ziesenitz, Joachim: Kleider machen Leute. Stoffquellen und Entstehungszeit. In: Unsere Schule 10 (1955) Nr. 7. S. 417–420.

– Die Menschen um Strapinski. Gedanken zu Kellers Novelle »Kleider machen Leute«. In: Ebd. S. 420–423.

[o. Verf.:] Unterrichtshilfen deutsche Sprache und Literatur. Klasse 8: Literatur. Berlin 1986. S. 136–143.

Der Verlag Philipp Reclam jun. dankt für die Nachdruckgenehmigung den Rechteinhabern, die durch den Quellennachweis oder einen folgenden Copyrightvermerk bezeichnet sind. Für einige Autoren waren die Rechtsnachfolger nicht festzustellen. Hier ist der Verlag bereit, nach Anforderung rechtmäßige Ansprüche abzugelten.

Gottfried Keller

IN RECLAMS UNIVERSAL-BIBLIOTHEK

Dietegen. 6177

Die drei gerechten Kammacher. Nachw. von Thomas Koebner. 6173

Das Fähnlein der sieben Aufrechten. 6184 – dazu *Erläuterungen und Dokumente.* Hrsg. von Josef Schmidt. 8121

Frau Regel Amrain und ihr Jüngster. 6174

Hadlaub. Mit Nachw. 6181

Kleider machen Leute. 7470 – dazu *Erläuterungen und Dokumente.* Hrsg. von Rolf Selbmann. 8165 [2]

Der Landvogt von Greifensee. Anm. und Nachw. von Bernd Neumann. 6182 [2]

Die mißbrauchten Liebesbriefe. Nachw. von Karl Pörnbacher. 6176

Pankraz der Schmoller. Nachw. von Carl Enders. 6171

Romeo und Julia auf dem Dorfe. Nachw. von Konrad Nussbächer. 6172 – dazu *Erläuterungen und Dokumente.* Hrsg. von Jürgen Hein. 8114

Der Schmied seines Glückes. Nachw. von René Nünlist. 6175

Sieben Legenden (Eugenia. Die Jungfrau und der Teufel. Die Jungfrau als Ritter. Die Jungfrau und die Nonne. Der schlimm-heilige Vitalis. Dorotheas Blumenkörbchen. Das Tanzlegendchen). 6186 [2]

Das Sinngedicht. Novellen. (Von einer törichten Jungfrau. Regine. Die arme Baronin. Die Geisterseher. Don Correa. Die Berlocken.) Nachw. von Louis Wiesmann. 6193 [3]

Spiegel, das Kätzchen. Mit Nachw. 7709

Ursula. Nachw. von Josef Kunz. 6185

Das verlorne Lachen. Nachw. von Karl Fehr. 6178 [2]

Züricher Novellen. Hrsg. von Bernd Neumann. 6180 [4] – auch als Reclam Lese-Klassiker

Philipp Reclam jun. Stuttgart

Interpretationen

IN RECLAMS UNIVERSAL-BIBLIOTHEK

Lessings Dramen

Wolfgang Kuttenkeuler: Miß Sara Sampson. ». . . nichts als ›Fermenta cognitionis‹« – Helmut Göbel: Minna von Barnhelm oder Das Soldatenglück. Theater nach dem Siebenjährigen Krieg – Horst Steinmetz: Emilia Galotti – Thomas Koebner: Nathan der Weise. Ein polemisches Stück? UB Nr. 8411 [3]

Dramen des Sturm und Drang

Rainer Nägele: Johann Wolfgang Goethe, Götz von Berlichingen – Barbara Becker-Cantarino: Jakob Michael Reinhold Lenz, Der Hofmeister – Helmut Scheuer: Friedrich Maximilian Klinger, Sturm und Drang – Ulrich Karthaus: Johann Anton Leisewitz, Julius von Tarent – Peter Michael Lützeler: Jakob Michael Reinhold Lenz, Die Soldaten – Klaus R. Scherpe: Friedrich Schiller, Die Räuber. UB Nr. 8410 [3]

Goethes Erzählwerk

Eberhard Lämmert: Goethes empirischer Beitrag zur Romantheorie – Hans Rudolf Vaget: Die Leiden des jungen Werthers – Wulf Köpke: Wilhelm Meisters theatralische Sendung – Hans-Wolf Jäger: Reineke Fuchs – Sigrid Bauschinger: Unterhaltungen deutscher Ausgewanderten – Helmut Koopmann: Wilhelm Meisters Lehrjahre – Dieter Borchmeyer: Alexis und Dora – Paul Michael Lützeler: Hermann und Dorothea – Wolfgang Dietrich: Die Geheimnisse, Achilleis, Das Tagebuch – David E. Wellbery: Die Wahlverwandtschaften – Gisela Brude-Firnau: Aus meinem Leben. Dichtung und Wahrheit – Peter Boerner: Italienische Reise – Ehrhard Bahr: Wilhelm Meisters Wanderjahre oder Die Entsagenden – Thomas P. Saine: Campagne in Frankreich/Belagerung von Mainz – Erika Klüsener: Novelle. UB Nr. 8081 [5]

Erzählungen und Novellen des 19. Jahrhunderts. Band 1

Walter Münz: Ludwig Tieck, Der blonde Eckbert/Der Runenberg – Gerhart Hoffmeister: Bonaventura, Nachtwachen – Dirk Grathoff: Heinrich von Kleist, Die Marquise von O . . . – Paul Michael Lützeler: Heinrich von Kleist, Michael Kohlhaas – Günter Oesterle: E. T. A. Hoffmann, Der goldne Topf – Dagmar Walach: Adelbert von Chamisso, Peter Schlemihls wundersame Geschichte – Thomas Koebner: E. T. A. Hoffmann, Der Sandmann – Gerhard Kluge: Clemens von Brentano, Geschichte vom braven Kasperl und dem schönen Annerl – Alexander von Bormann: Joseph von Eichendorff, Aus dem Leben eines Taugenichts – Gerhard Schulz: Johann Wolfgang Goethe, Novelle. UB Nr. 8413 [5]

Dramen des Naturalismus

Werner Bellmann: Gerhart Hauptmann, Vor Sonnenaufgang – Heide Eilert: Hermann Sudermann, Die Ehre – Helmut Scheuer: Arno Holz/Johannes Schlaf: Die Familie Selicke – Peter Sprengel: Gerhart Hauptmann, Die Weber – Helmut Scheuer: Johannes Schlaf, Meister Oelze – Wolfgang Trautwein: Gerhart Hauptmann, Der Biberpelz – Jutta Kolkenbrock-Netz: Max Halbe, Der Strom – Peter Sprengel: Gerhart Hauptmann, Die Ratten. UB Nr. 8412 [3]

Gedichte und Interpretationen

Bd. 1: Renaissance und Barock. UB Nr. 7890 [5] – Bd. 2: Aufklärung und Sturm und Drang. UB Nr. 7891 [5] – Bd. 3: Klassik und Romantik. UB Nr. 7892 [5] – Bd. 4: Vom Biedermeier zum Bürgerlichen Realismus. UB Nr. 7893 [5] – Bd. 5: Vom Naturalismus bis zur Jahrhundertmitte. UB Nr. 7894 [5] – Bd. 6: Gegenwart. UB Nr. 7895 [5] – alle 6 Bände auch als Kassette erhältlich

Gedichte und Interpretationen

Deutsche Balladen. Herausgegeben von Gunter E. Grimm. UB Nr. 8457 [6]

Philipp Reclam jun. Stuttgart

Deutsche Dichter

Leben und Werk deutschsprachiger Autoren

Herausgegeben von
Gunter E. Grimm und Frank Rainer Max

Band 1: Mittelalter

Band 2: Reformation, Renaissance und Barock

Band 3: Aufklärung und Empfindsamkeit

Band 4: Sturm und Drang, Klassik

Band 5: Romantik, Biedermeier und Vormärz

Band 6: Realismus, Naturalismus und Jugendstil

Band 7: Vom Beginn bis zur Mitte des 20. Jahrhunderts

Band 8: Gegenwart

Das achtbändige, insgesamt über 4000 Seiten umfassende Werk *Deutsche Dichter* ist deutschsprachigen Autoren vom Mittelalter bis zur jüngeren Gegenwart gewidmet. Auf anschauliche Weise schreiben Fachleute in Beiträgen von 5 bis zu 50 Seiten Umfang über Leben und Werk von rund 300 bedeutenden Dichtern. Ein Porträt des Autors und bibliographische Hinweise ergänzen die einzelnen Darstellungen.

Philipp Reclam jun. Stuttgart